KB054734

미치도록
나를
바꾸고
싶을때

미치도록 나를 바꾸고 싶을 때

|안상헌 지음|

자극이 필요해!

북포스

3부_ 나를 바꾸는
열다섯 가지 키워드

프롤로그

대학을 졸업할 즈음에는 거의 대부분이 비슷한 위치에서 사회생활을 시작하게 된다. 엇비슷한 수준의 학교를 다녔고 비슷한 사람들을 만났고 똑같은 책으로 공부했으며, 외국인을 만나면 일단 얼굴이 하얘지는 고만고만한 수준의 영어실력으로 사회라는 새로운 공간에 내던져지는 것이 보통이다. 잘난 녀석이라고 해봐야 부모님이 부자라거나 토익점수가 좀 높다거나 하는 정도지, 서로의 차이라고는 사실 얼굴이 좀 길다거나 눈이 좀 작다는 수준이 전부다.

그런데 이처럼 비슷한 수준에서 똑같이 사회에 나왔는데도 불구하고 2~3년이 지나면 그들의 지위에는 점차 변화가 찾아온다. 남들보다 빨리 승진하는 친구도 생기고 전혀 새로운 분야로 업종변경

(?)을 하거나 자기사업을 시작하는 녀석들도 하나둘 늘어간다. 그렇게 5년, 10년이 지나고 나면 제법 크게 차이가 벌어진다. 예전에 자신보다 못하다고 생각했던 친구가 생각지도 못했던 분야에서 명성을 떨치기도 하고, 학교 다닐 때 잘 나가던 친구가 알 수 없는 이유로 추락하여 연락도 잘 안 된다는 이야기를 듣기도 한다. 그때 자신이 어떤 위치에서 어떻게 살아가고 있는지 돌아보게 되고 왜소해진 자신을 발견하게 된다. 그리고 지금의 자신을 바꾸고 싶다는 강한 열망에 휩쌓인다.

무엇이 우리를 이처럼 서로 다른 길을 가게 된 것인지는 알 수 없지만 지금 자신의 무엇인가를 바꿔야한다는 사실은 명확해진다. 그리고 자신을 바꾸기 위한 이런저런 방법들을 찾아보고 길을 모색해보면서 시도와 좌절을 경험한다. 이미 늦었단 말인가? 알 수 없는 실패감에 주눅 들며 다시 일상으로 돌아가기를 수십 번. 변한 것은 없어보인다. 하지만 여전히 미치도록 자신을 바꾸고 싶다는 마음은 변함이 없다.

나는 이런 우리의 변화의 키워드 중 핵심이 '자극'에 있다고 믿는다. 우리의 일상은 자극의 연속이다. 아침에 일어나면서 접하는 첫 뉴스, 신문의 헤드라인, 아내의 첫마디, 동료들의 첫인사, 상사들로부터 던져지는 첫 임무 같은 것들이 모두 우리에게 자극제 역할을 한다. 그리고 태어나서 마지막 숨을 거두는 그 순간까지 그 자극들을 어떻게 받아들이고 어떻게 관리하느냐에 따라 일상, 아니 일생이 달라진다. 쉽게 넘겼던 크고 작은 일상의 자극이 미치는 영향력은 상상 이상으로 엄청나다는 것이 나의 생각이다.

그런 의미에서 '지금 이 순간 나의 모습'은 전적으로 나 자신에게 책임이 있다. 그러니 환경이나 사회를 탓하기 전에 자신부터 돌아보는 것, 이것을 기본 전제로 삼지 않으면 어떠한 해답이나 문제해결의 실마리도 찾을 수 없다. 자신보다는 외부세계가 먼저 변해야 한다고 생각하는 한 자기 자신은 절대 발전할 수 없다는 말이다. 책을 읽고 발견해야 하는 것은 세상이 아니라 나 자신이며, 사람과의 사귐에서 변해야 할 것도 상대방이 아니라 나 자신의 마음가짐과 태도다. 그런데도 여전히 많은 사람들은 자신이 아닌 외부세계를 향해, 그리고 불만족스러운 환경과 현실에 대해 비뚤어진 시각을 가지고 극복의지를 불태운다. 자기 허물은 보지 못하고 남들과 세상을 바꾸려는 시도만 계속하고 있으니 원하는 대로 될 리가 없다. 참 안타까운 일이다. 어쩌면 자신에게 자극을 주는 것에 똑같은 크기의 반작용을 가하려는 것이 인간의 타고난 속성 혹은 본능인지도 모르겠다.

"현자賢者는 알기 위해서 배우지만 우자愚者는 알려지기 위해서 배운다."고 했다. 알기 위해서 배운다는 말은 무슨 뜻일까? 지식을 얻고 세상을 알기 위해서 배워야 한다는 뜻일까? 그렇지 않을 것이다.

이 말은 세상을 알기 이전에 우리 자신을 먼저 알아야 한다는 뜻이다. 세상은 항상 우리에게 자신을 발견하라는 메시지를 던져준다. 그것이 바로 자극이다. '너를 봐. 그게 너의 모습이야.' 라는 것이 자극이 주는 핵심메시지다. 때문에 세상이 던져주는 자극의 메시지를 효과적으로 관리하면서 현명하게 반응하는 방법을 익히는 것은 특별한 의미가 있다. 매순간 우리는 세상으로부터 주어지는 '자극'에 대한 우리의 '반응'을 되돌려주고 있으며, 그 과정이 바로 우리의 삶 그 자체이기 때문이다. 이 점에 대해 성공학의 대부라고 할 수 있는 브라이언 트레이시Brian Tracy는 다음과 같은 말로 잘 설명해주고 있다.

"심리학과 성공학 분야의 가장 중요한 발견은 당신이 생각하고 느끼고 행동하고 성취하는 모든 것의 95%가 '습관의 결과' 라는 사실이다. 어린 시절부터 당신은 거의 모든 상황에서 자동적으로 반응하는 일련의 조건반사인 이 '습관'을 발전시켜왔다. 간단히 말하면, 성공하는 사람은 '성공하는 습관'을 가지고 있고, 실패하는 사람은 '실패하는 습관'을 가지고 있다."

자극을 관리하는 일은 곧 '성공하는 습관'을 만드는 것이다. '자극' 이라는 단어를 사전에서 찾아보면 '생물체나 그 감각기관에 작용하여 어떤 반응을 일으키게 하는 일' 이라고 정의되어 있다. 우리에게 작용하여 반응을 일으키게 하는 것이 바로 자극인 것이다. 그

프롤로그

러므로 자극에는 반드시 반응이 따라온다. 아무런 반응이 없는 무반응도 일종의 반응이다. 그리고 상대방의 반응은 곧 새로운 자극이 되어 나에게 돌아온다. 내가 했던 질문이 자극이라면 상대방의 답변은 나에게 또 다른 자극이 되어 돌아오고, 나는 다시 그것에 대해 반응한다. 이렇게 자극과 반응은 순환한다.

이 순환관계가 긍정적이고 생산적일 때 우리는 그 관계를 발전적인 관계라고 규정한다. 그 반대의 경우는 소모적인 관계다. 결국 이 자극과 반응의 순환관계가 우리 삶의 총체적인 과정이고, 그것은 우리가 바라마지 않는 행복이라든가 삶의 질과 직접적으로 연결되는 핵심요소인 것이다. 올바른 자극관리를 통해서 자기 삶의 주체성을 손에 쥐고 올바른 가치를 공유하는 일, 이것이야말로 우리가 일생 동안 추구해야 할 목표임과 동시에 우리의 삶 그 자체다. 그 과정에서 짧고도 강렬한 자극의 순간을 포착해 그것의 의미를 확장하고 관리하는 것은 상당히 즐겁고 흥미로운 일이다. 결국 살아 있는 매순간을 생생하게 만들어주는 것은 이런 '자극과 반응'에 대한 발견과 음미가 아닐까?

자신을 미치도록 바꾸고 싶은 날이라면 자극이 주는 짜릿함에 빠져보자.

2009년
안상헌

삶이라는 지렛대 위에서
기우뚱거리는 나

'자극' 이라는 단어를 사전에서 찾아보면
'생물체나 그 감각기관에 작용하여
어떤 반응을 일으키게 하는 일' 이라고 정의되어 있다.
우리에게 작용하여 반응을 일으키게 하는 것이
바로 자극인 것이다.
미치도록 나를 바꾸고 싶다면
이 자극과 반응의 관계를 잘 이용할 수 있어야 한다.

쉿! 어느 날 갑자기
훌쩍 큰 사람들이 쥔 비밀

살다 보면 자신이 성장하고 있다는 것을 실감할 때가 있다.
한동안은 너무 천천히 자라는 것 같아 답답하기만 했는데,
어느 날 문득 돌아보니 훌쩍 커진 것이다.

살다 보면 자신이 성장하고 있다는 것을 확실히 느낄 때가 있다. 오
랜만에 만난 친구가 좋은 평가를 해줄 때라든가 고객들로부터 큰
호응을 얻었을 때, 상사나 회사로부터 실력을 인정받았을 때, 자신
의 노력으로 경제적인 여유를 얻었을 때 등이 그런 순간일 것이다.
그리고 그런 순간들이 여러 차례 반복되다 보면 스스로에 대한 믿
음이 강해지고 무언가를 할 수 있다는 자신감이 몸속 깊은 곳에서
부터 꿈틀거린다.

실제로 이런 성장과 성취의 경험들은 인생의 행복을 좌우하는 데

미치도록 나를 바꾸고 싶을 때

결정적인 역할을 한다. 성공할 수 있다는 희망과 의지는 도전할 수 있는 용기를 부르고 그것은 곧 행동으로 이어지기 때문이다. 그리고 결심이나 의지를 실행에 옮긴 사람은 그렇지 않은 사람에 비해 원하고 바라는 것을 얻을 확률이 훨씬 더 높다. 의지가 있는 사람은 걸음걸이부터가 다르지 않은가. 칭찬이라는 긍정적인 자극이 노력이라는 긍정적인 반응으로 이어질 때 사람들에게는 상승하고자 하는 추진력과 의지가 생긴다. 그리고 그것이 반복적으로 운용되었을 때 수준 높은 성취를 달성하게 된다.

자극이 원인이라면 반응은 결과다. 반응을 이끌어내는 것이 자극이고 반응은 다시 새로운 자극이 되어 또 다른 반응을 이끌어낸다. 결국 자극과 반응은 서로서로 영향을 주고받으면서 순환하게 되고, '자극'을 제대로 관리할 수 있다면 노력 여하에 따라 원하는 '반응'까지도 만들어낼 수 있다. 결국 자극을 잘 관리해서 긍정적인 반응을 이끌어낼 때 우리의 삶은 질적으로 달라진다. 스티븐 코비Stephen R. Covey는 《의미 있게 산다는 것Prisoners of Our Thoughts》의 추천사에서 자극과 반응에 대해 다음과 같은 의미 있는 이야기를 소개했다.

자극과 반응 사이에는 빈 공간이 있다.
그 공간에 우리의 반응을 선택하는 자유와 힘이 있다.
그 반응에 우리의 성장과 행복이 달려 있다.

자극과 반응에 관한 핵심을 함축적으로 요약한 명문장이다. 우리는 주어지는 자극들을 보고 듣고 느끼며 받아들인다. 그리고 그 자극들에 대해서 어떻게 대처할 것인지를 탐색하고 결정하고 행동한다. 그 탐색과 결정, 행동에 대한 효과적인 대응방안들이 결국 우리 삶의 질을 결정하게 된다. 그래서 인간의 역사는 자극에 대한 효과적인 대응방안에 대한 탐색의 역사와 같다. 인간은 행복을 추구하는 동물이기 때문이다.

스스로에게 닥쳐오는 여러 가지 자극들을 제대로 관리하는 사람과 아예 관리조차 하지 않는 사람은 삶의 질에 엄청난 차이가 난다. 주어지는 자극들을 조금씩 계속 관리해가는 사람은 시간이 지날수록 삶의 질이 조금씩 좋아진다. 비록 일시적인 방황과 갈등은 있지만 전체적으로 삶이 향상되어 간다. 반면 주어지는 자극들에 수동적이고 일시적으로만 반응하며 살아가는 사람들에게는 삶의 질이 조금씩 하락하게 되면서 장기적으로는 큰 차이를 낳게 된다.

우리의 삶은 매일 똑같이 경험하는 이런저런 자극들에 대해 어떻게 느끼고, 어떻게 반응하느냐에 따라 그 수준이 좌우된다. 자극에 대한 반응은 매 순간 우리가 문제에 접근하는 태도를 결정하게 만들고 그것은 곧 결과의 차이로 나타나기 때문이다. 물론 단기적으로는 눈에 보이지 않는 경우도 있다. 하지만 5년 혹은 10년이라는 시간을 두고 봤을 때 그 격차는 참으로 크게 나타난다. 그리고 이러한 차이는 시간이 지날수록 점점 더 격차가 크게 벌어지는 경향이 있다.

요즘 신문이나 뉴스를 보면 '양극화 사회'라는 말이 자주 나오는데 이 '양극화'는 경제적인 면뿐만 아니라 정신적인 부분에서도 크게 나타나는 것 같다. 자극을 효과적으로 관리하고 그것으로부터 긍정적인 반응을 유도해 발전의 자양분으로 삼는 사람과 그렇지 않은 사람은 시간이 갈수록 차이가 현격하게 벌어질 뿐만 아니라 종국에는 인간의 궁극적인 목적, 즉 행복한 삶을 영위할 수 있느냐 없느냐에 까지 영향을 미친다.

누구에겐 잔소리, 누구에겐 귀한 조언••

한때 알고 지낸 한 사람은 유난히 향수를 진하게 뿌리곤 했다. 쉰이 넘은 나이에도 새빨간 립스틱과 요란한 매니큐어는 물론이고 거기에 향수까지 유난히 독한 것을 사용하는 바람에 주위 사람 대부분이 싫어하는 그런 타입이었다. 중후함과 여유가 돋보여야 할 나이에 요란하게 치장하는 데만 집중하고 있으니 좋아할 사람이 없을 만도 했다. 어느 날 나는 그녀에게 물었다.

"무슨 향수를 쓰세요?"

"네. 프랑스 제품인데요, 아마 말씀드려도 잘 모르실거예요. 우리나라에서는 팔지도 않는 제품이거든요. 호호호."

그러고는 한번 향을 맡아보라며 손목을 내 코앞으로 들이밀었다.

"이게 바로 제 향기랍니다. 호호호."

향기가 그 사람에게 어울려야지 비싸다고 해서 반드시 최고는 아닐 터, 나는 조심스럽게 말을 건넸다.

"그건 사모님 향이 아니라 향수의 향일뿐이죠. 이런 말씀 드리면 어떻게 받아들이실지 모르겠지만, 저는 그 사람에게서 나는 본연의 향기가 더 아름다운 것이라 생각합니다. 자칫 너무 강한 향수의 냄새는 사람들을 불쾌하게 만들 수도 있지 않을까요?"

"나 원 참, 남들은 없어서 못 뿌리는 걸 갖고 뭘 그래요? 이게 빠~리의 향기라고요."

그녀는 그 후로도 사람들의 눈살을 찌푸리게 하는 강한 향수를 고집했고, 충고를 건넸던 나를 은근히 피해 다니는 눈치였다.

비슷하지만 반대인 경우도 있었다. 예전에 친했던 한 여자선배를 오랜만에 우연히 만났는데 그 선배 역시 진한 향수를 과하게 쓰는지 독한 향수 냄새가 주위에 진동했다. 보험회사에 다닌다는 그 선배는 다음에 만나면 컨설팅을 해주겠다며 가입되어 있는 보험의 증권을 보여달라고 이야기했다. 오래 앉아서 이런저런 이야기를 하다 보니 역시 진한 향수 냄새가 코를 찔러왔다. 장난기가 발동해 한마디 했다.

"선배, 향수 좀 부드러운 거 써. 사람들이 선배 만나면 인상 쓰는 거 못 느꼈어? 그 독한 향수 냄새 때문에 찾아온 손님들도 다 도망

가겠다."

역시 그 선배도 당황했는지 자리를 대충 마무리하고는 빨리 일어 섰다. 그리고 몇 시간 뒤 선배로부터 전화가 걸려왔다.

"아까 향수에 대한 충고 고마워. 처음에는 기분이 좀 나빴는데 가만 생각해보니까 너 말고 그런 이야기를 해준 사람이 지금까지 아무도 없었더라고. 그리고 그런 솔직한 말을 해준 것도 결국은 나를 아끼기 때문이라는 생각이 드니까 금방 기분이 좋아지더라. 어쨌든 네 덕분에 내가 몰랐던 나의 좋지 않은 부분을 고칠 수 있게 되어서 다행이다 싶어. 고맙다, 얘."

그녀는 독설에 가까운 나의 충고를 부정적인 자극으로 받아들이지 않고 자신을 개선할 수 있는 좋은 기회로 받아들였던 것이다.

이 두 사람의 차이는 무엇일까? 두 사람 모두 부정적인 자극을 받았지만, 한 사람은 그것에 부정적으로 반응한 반면 다른 사람은 긍정적으로 반응했다. 결국 두 사람은 앞으로도 다른 결과를 얻게 될 것이다. 이처럼 같은 자극에 대해서 상반된 반응을 보이는 예는 우리 주변에도 얼마든지 있다.

어느 날 강의를 다니며 알게 된 모 기업의 사내강사로부터 전화를 받았다. 자기 팀장 때문에 '열 받아 돌아가시겠다'는 이야기로 하소연을 늘어놓기 시작했다. 그녀의 말에 따르면, 팀장이 그녀가 제출한 교육계획서에 자기 의견을 조금 첨가한 후 마치 처음부터

자기가 만든 것처럼 회사에 유포했다는 것이다. 그녀는 잔뜩 화가
난 목소리였고 위로를 받고 싶었던 것 같았다. 회사 내부의 다른 직
원들에게 자기 사정을 말했더니 다들 그 팀장이 나빴다며 자신의
입장을 두둔해주었다고 했다. 마치 나에게도 자기편이 되어 마음을
어루만져 달라고 호소하는 것 같았다. 그런 그녀에게 나는 이렇게
말했다.

"왜 화가 났는지 먼저 차분히 생각해보세요. 당신은 강사잖아요.
다른 사람들이 밝고 건강하게 생각하고 행동하며 살아갈 수 있도록
돕는 사람이잖아요? 그러니 지금 당신은 시험받고 있는지도 모릅니
다. 당신 스스로 자기 감정을 통제할 수 없다면 다른 사람이 당신의
감정을 관리하게 되죠. 감정적으로 당장 풀어버리려고 누군가를 원
망하는 일보다 더 좋은 해결책을 찾는 게 수순 아닐까요?

나의 냉정한 대답에 적이 실망했는지 그녀는 이렇게 투덜거렸다.

"다른 사람들은 모두 팀장이 잘못했다고 제 편을 들어주는데, 왜
선생님은 그 반대로 말씀하세요? 저는 하나도 잘못한 게 없어요."

"아직 제 말뜻을 이해하지 못하고 계시군요. 김 강사님에게 잘못
이 있다는 말이 아닙니다. 부정적인 상황에 직면했을 때 그것을 긍정
적으로 풀어내지 못한다면 강단에 서서 '긍정적으로 사십시오.' 하
고 말할 자격이 없다는 것입니다. 다른 사람들이 모두 김 강사님의
편에 서서 말을 해주었다고 했는데 그것이 진정으로 강사님의 발전
을 위해서 한 조언이라고 생각하십니까? 저는 아니라고 봅니다. 단

지 잘 보이고 싶어서 강사님의 현재 기분에 동조해주는 것뿐이지요. 잘 생각해보세요. 어떤 것이 강사님 자신의 발전을 위하는 길인지."

그날 이후 그녀의 태도는 조금씩 변해갔다. 담당 팀장에게 정정당당하게 그 상황에 대해 문제제기를 해서 원만하게 관계를 풀어나갔을 뿐 아니라, 강단에서 활동하는 범위도 점점 넓어지는 듯했다. 그리고 얼마 전 그녀는 나를 찾아와 예전의 그 일을 떠올리며 속마음을 털어놓았다.

"처음에는 선생님의 피드백이 믿어지지가 않았어요. 나에게 어떻게 그렇게 말할 수 있나 싶더라구요. 그러다가 차츰 그 말씀이 사실일지도 모른다는 생각이 들었어요. 그랬더니 오히려 마음이 편해지더군요. 그리고 제 아이디어를 도용당할 수도 있는 환경 자체를 개선할 수 있는 방법을 찾게 됐어요."

그녀는 독립을 준비하고 있다며 자신에게 도움이 되는 좋은 조언이라면 언제 어디든 찾아가서 보고 듣고 배우겠다고 했다. 나는 더 이상 해줄 말이 없으니 이제부터는 내가 그녀로부터 배워야겠다고 말했다. 그리고 우리는 함께 웃었다.

소소한 일상의 자극이 운명을 바꾼다 ••

고객이 나 혹은 내가 판매하는 상품에 대해서 비판적인 평가를 내

23

릴 때 나는 어떤 자극을 받는가? 사람들이 나의 책에 대해 혹은 강연에 대해 던지는 평가들을 나는 어떻게 수용하고 있는가? 성공한 친구들과 실패한 친구들의 모습을 보면서 나는 어떤 태도를 취해야겠다고 다짐하는가? 동료들이 술자리에서 나의 약점을 꼬집거나 공개적으로 망신을 주었을 때 나는 어떻게 대처하고 받아들이며 극복하는가? 아침부터 들려오는 아내의 잔소리 때문에 의욕을 잃어버린 우중충한 출근길, 지하철에서 여러분은 어떤 마음가짐으로 하루를 시작하는가?

이런 것들이 모두 우리에게 주어지는 일상의 자극들이다. 이러한 자극에 접근하는 태도는 사람마다 다 다르지만, 그 차이 때문에 미래의 모습이 달라진다는 사실은 공통적이고 자명한 사실이다. 물론 그렇지 않다고 부인하는 사람도 있을 것이다. 운명은 정해진 것이라고 믿거나 개인보다는 사회의 책임이 더 크다고 생각하는 사람들에게는 이런 말들이 오히려 부정적인 반응을 이끌어내는 자극제가 될 수도 있겠다.

그러나 외부환경이나 '운명'과 같은 절대적으로 느껴지는 요인들도 우리가 어떻게 받아들이느냐에 따라 결과가 달라지는 것은 분명한 사실이다. 한 집안에서 태어나 같은 교육을 받고 같은 밥을 먹으며 자란 형제조차 완전히 다른 길을 걸어가는 사례가 우리 주변에도 수두룩하지 않은가? 이것은 태생적으로 주어진 삶의 조건이 얼마나 완벽한가보다는, 살아가면서 만나게 되는 다양한 자극과 경험에 어떻게 대처하는가에 따라 운명이 굴러가고 결정된다는 것을 말해주는 좋은 예다.

따라 하면서 배운다 ••

아이들은 어른의 행동을 보고 따라하면서 많은 것을 배운다. 아이들이 어른을 따라하는 이유는 누구든 처음 접하는 상황에서 어떤 자세를 취해야 하는지 어떤 마음가짐을 가져야 하는지 모를 때, 본능적으로 가까운 곳에서 해답을 찾으려 하기 때문이다. 그래서 아무리 작고 사소한 것이라도 부모의 행동 하나하나는 아이들에게 인상적인 자극제이자 변화의 촉진제가 된다. 결국 이런 것들이 모여서 아이들의 인격이 되고 생각의 방식으로 굳어진다. 마치 조금씩 내리던 싸락눈이 어느새 산과 들을 뒤덮는 것처럼 일상에서 접하는 수많은 자극의 경험들, 즉 어른들로부터 배우고 익힌 것들이 눈처럼 소복하게 쌓여 아이의 태도가 되는 것이다. 아이들은 아버지, 어머니, 형제들, 선생님 그리고 자라면서 만난 모든 사람들과 접해온 매체들을 모방하는데, 그 모방의 기초는 바로 자극이다. 그리고 자극의 강도가 강할수록 모방하고 싶은 욕구도 커진다.

《장자莊子》에 "일이 비록 작더라도 하지 않으면 이루어지지 않고, 자식이 비록 뛰어나더라도 가르치지 않으면 밝아지지 않는다."고

했다. 이 말 또한 태어날 때의 조건이나 주어진 환경보다는 학습에 의한 의식적인 변화의 노력이 중요하다는 사실을 일깨워준다. 작은 일이라도 행동으로 실천하지 않으면 이루어지지 않듯이, 좋은 자극을 받아도 그것에 적극적으로 반응하여 행동으로 연결시키지 않으면 삶은 결코 개선되지 않는다.

눈에 보이지 않는 소소한 반응들이 우리를 변화시켜 질적으로 한층 더 발전된 단계로 끌어올려준다는 사실을 늘 기억해야겠다. 작은 자극이지만 그것을 관리하는 사람만이 누릴 수 있는 권리가 바로 '행복' 이기 때문이다.

자극의 순간들

건강에 무척이나 신경을 쓰는 사람이 어느 날 병원을 찾아와서는 물었다.

"선생님, 제가 앞으로 한 50년은 더 살 수 있을까요?"

"지금 나이가 몇인데요?"

의사가 물었다.

"마흔입니다."

"술을 많이 마시거나 노름을 좋아하십니까? 여자를 밝히는 편인가요?"

"아닙니다. 저는 술이나 노름은 전혀 모르고, 여자도 좋아하지 않습니다."

"그래요? 그러면 뭣 때문에 50년이나 더 살려고 하십니까?"

인생은 오래 사는 것이 중요한 것이 아니라 어떻게 사느냐가 중요한 것이다. 그냥 되는 대로 산다면 100년을 산들 무슨 의미가 있을까. 시간은 스스로 가치 있게 보냈다고 느끼는 사람에게만 가치 있는 것으로 남는다.

미치도록 나를 바꾸고 싶을 때

너 자신을 알라,
그리고 ...

삶의 다른 사건들과 마찬가지로 변화는 '우리에게' 일어나는 것이 아니라
그냥 일어나는 것일 뿐이다.
_엘리자베스 퀴블러 로스

스스로 규정할 것인가, 남에게 규정 당할 것인가? 우리는 자극을 받
으며 살고 있지만 그 자극은 자기 스스로 규정한 것인 경우가 있는
가 하면 외부에서 규정되어 나에게 온 것도 있다. 예를 들어 "세상
은 생존을 위한 전쟁터이므로 우리는 모두 생존을 위해 치열하게
싸워야 한다."는 말을 들었다고 치자. 이것은 엄연히 외부에서 규정
한 자극이다. 우리를 공격하는 외부주체보다 우리 자신이 나약할
때, 외부 규정적 자극의 영향은 커지게 된다. 자기확신이 부족하고
외부공격을 방어할 에너지가 없는 사람일수록, 압력을 가해오는 외

부자극에 강하게 영향 받기 때문이다. 이런 외부 규정적 자극의 문제점은 스스로의 가치관을 통해 검증해볼 틈도 없이 우리의 마음에 지대한 영향력을 행사한다는 데 있다.

"요즘 대기업 입사 관문을 통과하려면 토익 900점은 기본이다." 라는 기사를 신문에서 읽었다고 하자. 이 글을 읽은 취업준비생은 위기의식을 느끼면서 자신도 반드시 토익점수를 900점 이상으로 올려야겠다고 결심할 것이다. 이것이 바로 외부 규정적 자극이다. 사회가 이 정도의 실력을 요구하니까 나도 그 정도는 갖출 수 있도록 스스로를 훈련시키고자 결심한 것이다. 그러나 그 과정에서 '과연 내가 하고자 하는 일에 토익점수가 필요한가?' 혹은 '토익점수로 대변되는 영어실력이 얼마나 중요한가'에 대해서는 고려해보지 않는 경우가 많다. 외부에서 가해오는 자극은 너무 강한 반면 자기확신이나 주체성은 상대적으로 미약하기 때문에 그 일이 자신에게 정말 필요하고 중요한 일인지 아닌지에 대해 여과하기 어렵게 된다.

반면 자기 규정적 자극은 자신이 스스로에게 자극을 주는 경우다. 예를 들어 "앞으로 내가 해야 할 일들을 생각해보았을 때 꾸준한 학습이야말로 내 인생의 성공과 실패를 판가름하는 중요한 요소가 될 것이다."라고 규정하는 것은 자신이 스스로 내린 결론이다. 자신이 판단하고 자신이 스스로에게 자극을 제공한 것이다. 물론 이런 결심을 하는 과정에서 다른 사람의 말이나 외부적·환경적 요소들이 전혀 개입되지 않은 것은 아니지만, 무의미한 외부요소들을 스스로가 선별적으로 통제하고 자신에게 꼭 필요한 부분들만 합리적으로 적용하여 내린 결론이기 때문에 자기 규정적 자극이 될 수 있다.

그렇다면 자극을 굳이 이렇게 외부적인 것과 내부적인 것(자기 자신에게서 나온 것)으로 구별하는 이유는 무엇일까? 스스로 규정한 자극들은 진정한 자신의 욕구일 가능성이 높지만 환경이나 다른 사람이 주장하는 자극들은 정작 내가 원하는 것과는 거리가 먼 것일 수도 있기 때문이다. 다른 사람이나 사회가 요구하는 것들을 선별하지 않고 무차별적으로 받아들이다가는 몸이 열 개라도 부족할 것이다. 게다가 그런 상황이 계속되면 내가 도대체 무엇을 하고 있는지에 대한 회의와 의구심까지 밀려오게 된다.

중심을 잡아야 비틀거리지 않는다●●

요즘 졸업을 앞둔 많은 대학생들은 '앞으로 무엇을 해야 할지 모르겠다'는 말을 자주 한다. 누구나 그 나이쯤에는 그런 고민을 하게 마련이지만, 특히 요즘 젊은이들에게는 외부적인 자극들이 너무 많다는데 원인이 있는 듯하다. 외부의 자극이 너무 다양하고 많다보니 지나친 정보들로부터 무차별적인 자극을 받아 생각의 중심을 잃어버린 것이다. 이처럼 외부 규정적 자극들이 삶을 움켜쥐고 송두리째 흔들기 때문에 자기 내부에서 중심을 잡고 균형을 맞춰줄 자기 규정적 자극의 개입이 반드시 필요해진다.

외부자극 덕분에 행동이 긍정적으로 변화되는 경우도 물론 있다. 하지만 오랜 시간 공을 들이고 인내해야 성취할 수 있는 일의 경우 외부 규정적 자극은 꾸준한 에너지를 공급해주지 못한다. 우리의 의지를 돕는 에너지가 내부에서 자가발전 되지 않고, 외부에서 계속 주입하는 데는 한계가 있기 때문이다. 이것저것 시작만 하고 금세 포기한다거나, '별로 할 만한 게 없다'고 외면하는 것(열심히 해본 적이 없으니 재미나 의미를 발견할 기회도 없다!) 또한 외부에서 주어지는 자극에 지나치게 민감하게 반응함으로써 생기는 현상들이다.

그렇기 때문에 외부에서 주어지는 자극들을 자기 스스로 통제하고 여과하여 합리적으로 수용하는 일련의 과정을 연습해야 할 필요가 있다. 우선 과거에 경험했던 일들, 이제까지 가지고 있었던 머릿속 생각들을 종합하고 정리해보자. 과거의 찌꺼기들을 말끔히 정리한 후 합리적이고 미래지향적인 정보들을 잘 선별해서 차곡차곡 채우는 것이다. 나에게 필요한 가치가 과연 무엇인지를 판단하고, 지금 내가 서 있는 바로 이곳에 어떤 의미를 부여하면 내가 원하는 것을 얻을 수 있을까 고민해보자. 그 해답이 바로 내 인생에 꼭 필요한 자기 규정적 자극이며, 그것을 적절한 타이밍에 제공하는 것이 바로 올바른 자극관리법이다.

'대학원을 졸업해야만 사회에서 인정받는다'는 남들의 얘기에 귀가 솔깃해지는가? 아무 생각 없이 '그렇다면 나도 한번….' 하고 생각할 것이 아니라, 과연 내가 몸담고 있는 분야에서 대학원 졸업이라는 학력이 필요한지, 필요하다면 구체적으로 어떤 분야의 지식이 필요한지, 어떻게 배울 것인지에 대해서 면밀히 검토한 후에 자신에게 필요한 만큼만 적용시켜야 한다. 자신이 원하는 부분과는 전혀 상관없는 데까지 손을 뻗쳐서 이것저것 닥치는 대로 하다가는 아까운 시간만 낭비하고 한 가지도 제대로 할 수 없게 된다.

요즘처럼 정보가 넘치고 외부자극이 과도하게 공격해오는 때일수록 그 자극들을 현재의 자신에게 필요한 형태로 치환하고 여과할 수 있는 능력이 중요하다.

세상에는 자신에게 들어온 외부자극을 마치 자신이 만들어낸 자극인 것처럼 받아들여 자기를 잃어버리는 사람들이 있다. 출처를 알 수 없는 사회통념이라든지, 자기 처지와 맞는지 한 번도 고민해보지 않은 외부자극에 대해(예를 들어, 성공하려면 영어를 잘해야 한다) 스스로 대변자가 되어서 옹호하는 것이다. 물론 자신의 판단과 결정에 따라 그것에 진심으로 동조하고 주장하는 것이라면 이야기가 다르다. 하지만 대부분 그런 경우가 아니다. 외부자극이 강력하면 자기 힘으로는 어찌할 도리가 없다고 생각해버리고는 절대권력에 절대복종한다. 그리고는 시간이 지나면 그 외부의 힘이 마치 자신의 힘인 양 떠벌리는 지경에 이른다. 자신과 타인을 착각하여 다른 사람의 욕망을 자신의 욕망인 것처럼 동일시하며 살아가는 것이다. 이런 사람들에게 과

1부 삶이라는 지렛대 위에서 기우뚱거리는 나

연 자기 자신이 있기는 한 것일까? 홍수처럼 쏟아지는 자극들을 스스로 정리하지 못하고 허우적거리다 쓸려 가버리는 것 아닐까?

홍수에 떠내려가는 돼지 신세가 되지 않으려면 외부에서 들어오는 자극들을 제대로 여과해서 흡수해야 한다. 나에게 필요한 것만 선별해서 받아들이고 그에 따른 반응까지도 조절할 수 있어야 한다는 말이다. 자기 규정적 자극을 강화하고 외부 규정적 자극의 수위를 조절하는 것은 자신이 원하는 삶을 획득하는 것은 물론이고 올바른 가치관을 정립하는 데도 매우 중요한 일이다.

자극의 순간들

"왜 대형차를 사려고 해? 유지비만 많이 들고 감가상각비도 엄청난데…."
"안전하잖아."
"사고 나면 다 똑같아."
"큰 차는 사고가 나도 안전하다던데?"
"'안전'이 그렇게 중요하다면 큰 차를 살 것이 아니라 안전운전을 해야지."
"…."

그렇다. 진정한 '안전'이란 큰 차를 타거나 대기업에 다니는 것이 아니라, 안전하게 운전하고 현명한 지혜와 좋은 태도를 익히는 것이다. 오늘날 '힘'이라는 것은 현재 얼마나 큰 회사에 다니느냐가 아니라 자신이 원할 때 언제라도 원하는 회사로 옮겨갈 수 있는 능력이 있느냐 하는 것이다.

나무 위에 올라가서 물고기를 구하는가?

자신을 모르는 사람은 자신을 변화시킬 수 없다.

연목구어緣木求魚라는 말이 있다. '나무 위에 올라가서 물고기를 구한 다'는 뜻으로 잘못된 방법으로 목적을 이루려고 하다가는 수고만 하고 아무것도 얻지 못하게 된다는 의미를 담고 있다. 나무 위에 올 라가서 물고기를 구하는 사람을 바보라고 손가락질하는 우리들이 지만, 우리의 일상은 이런 연목구어 격인 행동들로 가득 차 있다. 특 히 다른 사람들을 설득할 때가 그렇다.

교육이라는 것은 어찌 보면 다른 사람들을 설득하는 일이다. 교 육자는 자신의 의견을 펼쳐서 다른 사람들이 그것을 이해하고 동조하도록 만들어야 한다. 그리고 그에 부합되는 행동을 하도록 유도하는 것이 바로 교육이다. 그러다 보니 직업과 성별, 연령대가 천차만별이라거나 공통점이라고는 하나도 없는 불특정 다수의 교육생들을 한꺼번에 만나게 될 때 진행하기가 가장 힘들다. 공통분모를 찾기도 힘들고 각자 영향을 받는 자극요소도 다르니 한 가지 예화로 설득하기가 쉽지 않다. 가령 젊은 사람들에게는 공자 왈 맹자 왈 하는 얘기들이 전혀 효과가 없고, 반대로 나이가 지긋하신 분들에게는 지식사회의 트렌드라든가 IT 기술의 눈부신 발전 같은 이야기들로 호응을 이끌어내기 어렵다. 마찬가지로 남성들에게 감성적인 이야기로 눈물샘을 자극하려 한다거나 여성들에게 이성적이고 건조한 이야기로 논리만 전달하려는 강의는 좋은 반응을 얻지 못한다. 이렇게 사람들은 각자 선호하는 자극이 다르다. 그래서 사람에게 동기를 부여하고 성장을 유도하는 일이 힘들다는 것이다. 사람들 마음이 다 내 마음 같다면야 못할 일이 뭐가 있겠는가?

상대방을 설득하거나 동기부여 하는 일이 어렵기 때문에 우리는 '강요'라는 오류에 빠지기 쉽다. 강요와 위협은 가장 단순하고도 쉬운 설득 방법이다. 강도는 칼을 들이미는 것이 굶고 있는 자기 가족들의 비참한 사진을 보여주는 것보다 빠르고 확실한 방법이라는 사실을 알고 있다. 강요당하는 사람도 그렇지만 강요를 하는 사람 또한 절박한 상태이기 때문에 적절한 다른 수단들을 찾아보거나 새로운 방법을 배울 시간 여유가 없다고 느낀다.

그런 의미에서 상대방에게 자신의 생각을 강요하는 것은 무언가 부족한 상태임을 스스로 인정하는 것과 같다. 돈이 절실히 필요한 세일즈맨이라면 고객들에게 물건을 강제로 팔거나 돈이 되는 일이라면 무엇이든 하려고 할 것이다. 반면 그렇지 않은 사람은 여유 있게 자신의 상품을 내보일 수 있다. 조급해하지 않고 제품의 장점과 단점을 설명하기 때문에 오히려 더 설득력 있게 상대방에게 다가간다.

강요받고 있다고 느끼는 사람은 상대방의 말을 믿지 않을 뿐만 아니라 그를 피하고 싶어 한다. 이런 사실에도 불구하고 가정과 직장에서는 강요하는 일이 쉽게 일어난다. 최근의 인간관계를 지배하는 패러다임이라도 된 것인지, 일단 처음에는 설득을 시도해보고 안 되면 곧바로 강요로 돌입한다. 여기서 문제는 강요 외의 다른 좋은 방법을 찾을 생각조차 하지 않는다는 것이다. 이때 변화를 강요당하는 사람들은 불쾌함을 느끼며 저항감으로 똘똘 뭉치게 된다.

상사들은 직원들을 보고 '세상이 이렇게 급변하고 있는데 위기의식도 못 느낀다니 한심하기 짝이 없다'고 생각한다. 마음이 급해진 그들은 부랴부랴 직원들을 교육장으로 내몰고 변화하는 외부세계를 어서어서 배워야 한다고 강요한다. 부모들 역시 마찬가지다. 아이들을 독서실에도 넣어보고 원어민 선생님이 가르치는 영어학원에 등록시켜보기도 한다. 심지어는 자식이나 부모를 정신병원에 보내기도 한다. 강요가 지나쳐 집착이 되고 멍에가 된 결과다.

물론 강요하는 쪽을 무조건 나쁘다고만 할 수도 없다. 강요하는 사람의 입장도 너무나 절실하기 때문이다. 부하직원들에게 변화를 강요하는 팀장은 팀의 실적이 절실하게 필요하고, 아이의 성적을 올리려는 부모는 공부 잘하는 아이의 부모라는 타이틀이 꼭 필요하다. 그러나 불행히도 강요하면 강요할수록 실패할 확률만 높아진다. 결국 연목구어와 같은 결과만 낳을 뿐이다.

스피노자는 《에티카Etika》에서 "정서는 그것과 반대되는 정서, 그리고 억제되어야 할 정서보다 더 강한 정서 없이는 억제될 수도 없고 제거될 수도 없다."고 했다. 우리가 무엇인가에 매료되고 빠져 있을 때 그것으로부터 탈출할 수 있는 방법은 그것을 제거하는 것이 아니라 그것보다 훨씬 강한 자극을 통해 새로운 반응의 방식을 획득하는 것이다. 우리가 어떤 감정에 사로잡힐 때 우리의 신체는 그것에 맞춰 활동능력을 확장하려는 속성을 가진다. 그리고 거기에 맞춰지고 나면 더 강한 자극이 가해지지 않는 한 움직이려 하지 않는다. 그런 의미에서 상대방을 변화시키려면 그에게 새롭고 강력한 자극을 제공하는 것이 효과적이다. 그리고 그 자극은 사람에 따라 다른 방법으로 변형시켜 적용해야 한다.

미치도록 나를 바꾸고 싶을 때

기회와 경험의 차이 ••

책을 읽다 보면 너무 재미있어서 잠자마자 단번에 읽어버리는 경우가 있다. 내게는 《창의성의 즐거움》이나 《사람아 아, 사람아》 같은 책들이 그랬다. 친한 후배들이 책을 추천해달라고 하기에 이 책들을 추천했더니 얼마 후 '왜 이런 책을 추천했느냐' 부터 '지겨워 죽는 줄 알았다' 까지 온갖 원망이 피드백으로 돌아왔다. 반면 같은 책을 읽은 다른 후배는 '너무 좋은 책이었다' 고 말했다. 사람은 각자 가지고 있는 경험이 다른 탓에 관심 분야도 다르고 좋아하는 문체도 다르다. 이것이 곧 기호의 차이로 나타나고 주어지는 자극에 대한 반응의 강약으로 나타나는 것이다.

그런 의미에서 한 가지 방법으로 전 직원을 만족시키겠다는 리더의 의욕은 과욕이며, 첫 아이가 좋아하는 음식으로 둘째까지 만족시키려는 엄마의 기대도 지나치다. 사람마다 자극을 받는 요소는 모두 다르고, 어떤 자극이 자신에게 적합한지를 아는 사람은 자신 뿐이다. 아이가 공부를 잘하길 바라는 부모라면 아이 스스로 공부가 재미있다는 것을 경험하게 해주어야 한다. 인터넷 게임이나 오락기를 붙잡고 있는 것보다 공부를 하면 더 좋은 것을 경험할 수 있다는 것을 깨달을 특별한 기회 말이다. 자신을 발전시키려는 사람 역시 마찬가지다. 게으름을 부리거나 멍하니 시간을 보내는 것보다 자신을 계발시킬 수 있는 학습이나 훈련과 같은 활동을 하는 것이 더욱 만족스럽고 행복한 기분이 든다는 것을 느낄 수 있는 기회를 가져야 한다. 그 과정이 바로 자극관리라고 할 수 있는데 실제로 이런 경우 우리가 바람직하다고 생각하는 것과는 정반대의 상황을 접하게 해주는 것이 효과적일 때가 많다.

예를 들어 외로운 사람을 위로하는 방법은 그보다 더 외로운 사람을 만나게 해주는 것이다. 가난한 사람에게 힘을 주는 방법은 더 가난하고 더 고통 받는 사람들 속으로 들어가도록 하는 것이고, 변화하지 않으려는 사람을 변화시키는 방법은 그 자신보다 더 변하지 않으려는 사람이 발버둥치는 모습을 발견하는 기회를 주는 것이다. 이렇듯 타산지석에는 강요가 포함되어 있지 않다.

자신을 성장시키고자 하는 사람은 자신에게 적절한 자극을 줄 수 있는 좋은 자극제를 찾아야 함과 동시에 다른 사람들의 자극에도 민감하게 반응해야 한다. 다행히도 인간은 보편성을 가진 동물이기 때문에 자신에게 적합한 자극제를 찾을 수 있다면 그것을 단초로 다른 사람들에게도 자극의 실마리를 제공할 수 있다. 그것이 비록 아주 작은 실마리에 불과한 것일지라도 적절한 자극에 대한 단초를 얻는 것은 매우 중요한 일이다.

줄탁동시라는 말이 있다. 어미 닭이 알을 품고 있으면 알 속에 있던 병아리가 밖으로 나올 때쯤에는 안에서 부리로 껍질을 툭툭 치게 된다. 어미닭은 그 소리가 들리기 시작하면 소리가 나는 쪽을 자신의 부리로 두드린다. 다시 안에서 병아리가 부리로 알을 두드리면 어미는 그 소리가 나는 쪽을 자신의 부리로 두드리게 되는데 그렇게 둘은 일치하는 부분을 찾아 껍데기를 같이 깨어 함께 부화해간다. 이를 줄탁동시라고 한다. 만약 어미가 병아리의 부름을 듣지 못하거나 성급하게 알을 깨는 경우 병아리는 영원히 밖으로 나올 수 없게 되거나 너무 일찍 나와서 얼마 살지 못하고 죽고 만다.

자기 스스로 벽을 깨고 새로운 단계로 성장하기 위해서는 외부세계에서 자신을 도와줄 자극들과 조력자를 찾을 수 있어야 한다. 그럴 때 한결 수월해진다.

다시 태어나려면
하나의 세계를 파괴해야

스스로 알을 깨고 나오지 않으면 계란 프라이가 된다.
자기 강제성은 강력한 에너지의 원천이며,
자신의 결점에 대해 반성하고 있는 사람은
다른 사람의 결점을 보고 있을 틈이 없다.

아무리 좋은 자극이라도 효과가 영구적으로 지속되는 것은 아니다. 그래서 '처음처럼' 이라는 말이 사람들의 가슴을 두근거리게 하는 것인지도 모르겠다. 시간이 가면서 자극의 효과가 없어지거나 희미해지게 되면 사람들은 자기 합리화를 하기 시작한다. 자신의 능력으로는 도저히 해낼 수가 없다고 미리 포기해버리거나, 애초에 그 일은 자신에게는 맞지 않는 목표였다며 변명거리를 늘어놓는다. 때문에 자극을 제대로 관리하려면, 자신이 지켜야 할 규율을 정하고 일상 속에서 그것을 엄격하게 적용시키려고 노력해야 한다. 이렇게

미치도록 나를 바꾸고 싶을 때

내가 정한 규율이 내면화 되는 과정을 겪으면 내 생활의 원칙이 된다. 독일의 대문호 괴테는 자신이 스스로를 규율하는 상태에 대해 다음과 같이 묘사하고 있다.

"내가 누군가에게 혹은 어떤 일에 의해 예속 당하고 속박 당한다 해도 그것이 내 의지라면 예속된 상태라 할 수 없다. 우리는 가끔 스스로를 견제하고 구속하는 일이 있는데 이것을 자유자재로 할 수 있는 사람이라면 그는 누구보다도 더 자립적인 인간, 즉 온전히 자유의지로 살아가는 인간이라 할 수 있다. 자신의 의지로 인한 예속 상태, 이것은 자유로운 상태이며 또한 아름답기 그지없는 상태다."

이런 규율의 내면화 과정에서는 좋은 자극들을 꾸준히 연계시켜서 규율에 대한 실천 가능성을 계속해서 확보해나가는 것이 중요하다. 매순간 삶으로 파고드는 다양한 자극들을 긍정적으로 받아들여 자신의 규율을 강화시킬 수 있는 수단으로 만들어가야 하는 것이다. 하지만 일상의 상황을 긍정적인 자극으로 만들기 위해서는 다음과 같은 몇 가지 조건을 충족시켜야만 한다.

- 관심 있는 분야에 속한 것이거나 그것과 연결할 수 있는 것이어야 한다.
- 지금 가진 능력보다 약간 수준 높은 기술이 필요한 것이어야 한다. 지나치게 수준이 낮거나 쉬운 것은 자극으로서의 역할을 제대로 할 수 없고, 반대로 수준이 너무 높거나 너무 어려

우면 금세 포기하게 되기 때문이다.

- 자극의 출처가 호감을 가진 곳이어야 한다. 싫어하는 사람으로부터 나온 자극이거나 강요하는 분위기가 역력한 반강제적인 자극은 긍정적인 자극으로 활용되지 못한다.

우리는 살면서 자기 자신과 수없이 많은 것들을 약속한다. 이른바 결심이다. 결심은 자기와의 약속이자 무언가를 하겠다는 의지를 세우는 일이다. 그 약속을 잘 지켜나가는 사람은 의지가 강하고 도덕성이 높으며 올바르게 일을 수행한다. 당연한 얘기지만 무슨 일에서든 성공할 확률도 월등히 높다. 자기 강제성이라는 것은 자기 자신과의 약속을 끝까지 성실하게 지키도록 스스로를 훈련시켜야만 확보할 수 있다. 그 훈련과정에 반드시 필요한 것은 처음 약속한 규율을 끝까지 지키는 데 계속해서 힘을 보태줄 새로운 자극제다. 신선한 자극이 끊임없이 제공돼야만 자기 강제성의 위력이 더욱 수월하게 발휘된다. 자신이 정한 규칙으로 자신을 통제하고 있다는 생각이 들 때 우리는 진정한 자신감을 얻는다. 자기 삶을 자기가 통제할 수 있다는 것이 얼마나 큰 에너지를 주는지는 경험해본 사람만이 알 수 있다.

- 4시간 동안 집중해서 공부하는 것
- 아침 6시에 누가 깨워주지 않아도 스스로 일어나는 것

미치도록 나를 바꾸고 싶을 때

• 친구와의 약속을 반드시 지키는 것

　위에 나열한 자신과의 약속들이 지키기 어려운 일처럼 보일지도 모르겠지만, 습관이 되면 그렇게 어려운 일만은 아니다. 습관이라는 것은 몸이 기억하는 상태를 말한다. 그래서 습관에 따라 움직이면 일단 몸이 편하다. 6시에 일어나는 것이 습관인 사람은 6시 정각에 알람시계가 비명을 질러대기 전에 눈을 번쩍 뜬다. 그때는 즐거운 마음으로 일어날 수 있으며 기분도 상쾌하고 몸도 가볍다. 반면 괴로운 알람소리에 오만 인상을 구기며 일어난다는 것은 아직 습관이 되지 않았다는 뜻이다. 그런 경우 10분 이상을 이불 속에서 몸을 비틀어 꼬며 괴로워하거나, 베개에 얼굴을 파묻고 세상이 곧 끝나기라도 할 것처럼 고통스러운 시간을 보내야 한다.

　자극관리를 잘하는 사람은 주어진 자극을 효율적으로 이용해서 자신이 원하는 습관을 만든다. 스스로에게 동기를 부여하는 재료로 자극을 어디에서 어떻게 이용해야 하는지도 잘 안다. 단어를 안다는 것은 개념을 안다는 것이고 개념을 안다는 것은 그와 관련된 생각과 추론이 가능하다는 것이다. 생각이 가능해지면 감정이 생긴다. 그래서 단어를 많이 아는 사람은 생각이 깊다. 똑같은 물건을 보아도 다른 사람들보다 느끼는 것이 많다. 아는 만큼 보이고 보이는 만큼 느낀다는 말이 그 뜻이다.

43

자극을 받으면 자발적인 발전의지가 생기고, 발전하기 위해서 치러야 할 대가를 당연한 것으로 받아들인다. 그 과정에서 스스로 규율을 정하고 지켜나가려 한다. 자기 강제력과 같은 규율을 받아들임으로써 행동에 있어 유리한 고지를 점령하게 된다. 그 결과 규율을 지키려는 노력은 꾸준한 행동으로 이어지고 그것은 곧 원하는 것을 거머쥐는 성공의 경험으로 이어진다. 우리가 읽는 것, 듣는 것, 보는 것, 그리고 만나는 모든 사람이 우리에게 자극을 주고, 그 자극들은 현재의 우리를 만드는 데 크든 작든 일조한 셈이다.

폴란드의 유명한 음악가 아서 루빈스타인Artur Rubinstein은 지독한 연습벌레로 유명했다. 그가 세계적인 피아니스트가 될 수 있었던 비법은 다름 아닌 끊임없는 연습이었다. 어느 기자가 그에게 어떻게 세계 정상에 오를 수 있었는지를 묻자 그는 이렇게 대답했다고 한다.

"자기 세계를 다른 사람들에게 인정받기 위해서는 피나는 연습을 해야만 합니다. 하루를 연습하지 않으면 자기가 알게 되고, 이틀을 연습하지 않으면 동료가 알게 되고, 사흘을 연습하지 않으면 청중이 알게 됩니다. 성공의 비결은 바로 끊임없는 연습입니다."

그는 자기 강제력이 강한 사람이었다. 자기 강제력이 강한 사람은 환경의 제약을 합리적으로 수용한다. 환경의 제약에 분노하기보다는 그것을 자신이 원하는 것을 이루는 과정의 일부로 생각하고 효과적으로 이용하는 것이다. 이런 사람들에게는 스트레스가 없다.

44

스스로 알을 깨고 나오면 살아 있는 병아리가 되지만 남이 알을 깨버리면 계란 프라이가 된다. 자신의 삶을 스스로 개척하는 사람과 타인에게 끌려 다니는 사람의 차이가 여기에 있다. 자기 강제성을 발휘하여 인고의 세월을 겪어내는 자에게만 생명으로 태어날 자격이 주어진다. 외부의 자극을 자신의 것으로 흡수하여 자신이 만든 새로운 규율로 적용시키고 지킬 수 있느냐가 새로운 생명으로 태어나기 위한 핵심조건인 것이다. 자기 강제성은 강력한 에너지의 원천이다

자극의 순간들

기타를 좀더 멋지게 연주해야겠다고 생각하고는 기타학원에 전화를 걸었다.

"저…, 학원에 등록하고 싶은데요."

"왜 기타를 배우려고 하시죠?"

"멋지게 연주를 해보고 싶어서요."

"기타를 쳐보셨나요?"

"네."

"재미있던가요?"

"아직 재미는 잘…"

"그럼 더 쳐보고 재미있다는 생각이 들 때, 그때 오세요."

"…."

우리의 몸과 마음을
움직이게 하는 것

원하는 것, 이루고 싶은 것이 있는가?
그리고 그것에 대해 마음을 견인하고 진동시키는 나만의 강렬한 이유가 있는가?
무엇을(What), 왜(Why), 어떻게(How), 이 세 가지 질문에 구체적으로 답할 수 있는 사람만
원하는 것을 얻을 수 있다. 단 주의할 점은,
이 질문들이 우리의 삶을 송두리째 바꿔놓을 것이라는 사실이다.

1. 무엇을 할 것인가?

2. 왜 할 것인가?

3. 어떻게 할 것인가?

위에 나열한 세 가지 질문을 다시 한 번 천천히 읽어보자. 어떤 느낌이 드는가? 고작 이런 짧은 질문 따위가 삶을 바꾼다니, 황당하다는 생각이 들 수도 있다. 하지만 장담하건대 이 세 가지 질문에 자신있게 답하지 못한다면 절대 원하는 것을 얻을 수 없다.

미치도록 나를 바꾸고 싶을 때

첫 번째 질문인 '무엇을 할 것인가'는 '무엇을 원하는가'라는 질문으로 바꿔볼 수 있을 것이다. 자신이 현재 행복하지 않다고 느끼거나 원하는 것을 이루지 못하고 있다면 그 이유가 무엇인지 생각해봐야 한다. 혹시 '무엇을 할 것인가'라는 질문에 마땅히 대답할 말이 없는 것은 아닌가?

이런 질문을 던져보면 사람들은 이렇게 대답한다.

"나는 원하는 게 있어요. 그러니까 안 되는 것을 알죠."

정말 그럴까? 지금 당장 펜을 들고 자신이 무엇을 하고 싶은지 한 줄의 구체적인 문장으로 기록해보자.

구체적이고 명확한 단어를 써서 한 줄의 문장으로 기록할 수 없다면 그것은 자신이 무엇을 원하는지 아직 정하지 못했다는 것이다. 물론 솔직하게 그냥 '부자가 되고 싶다'고 쓸 수도 있다. 그러나 '부자가 된다'는 것은 '무엇을 할 것인가'에 대한 답이 될 수 없다. 구체성이 결여되었기 때문이다. 무엇을 할 것인지 구체적으로 기록하라는 말은 그 일과 행동에 관한 이미지를 그려볼 수 있을 정도는 되어야 한다는 말이다.

마찬가지로 '좋은 사람 되기', '좋은 일하기' 같은 것도 구체적인 행동이 아니므로 이 질문에 대한 정확한 답이 아니다. 금융자산 전문가라든가 자기계발 전문가, 영어교육 전문가, 동기부여 컨설턴트 같은 것이 좀더 구체적인 답이라고 할 수 있다.

자신이 원하는 것을 이루지 못하고 있다는 생각이 든다면, 가장 먼저 원하는 것이 무엇인지에 대해 구체적인 이미지를 떠올려봐야 한다. 추상적인 질문으로는 추상적인 답밖에 얻지 못한다. 구체적으로 질문하고 구체적으로 답해야 한다.

두 번째, '왜 할 것인가?'에 대한 답도 중요하다. 왜 그 일을 할 것인지에 대한 개념이 없다면, 누구도 목적달성을 위해 오랜 시간 끈기 있게 투지를 발휘할 수 없을 것이다. 왜 하는지를 모르는 사람은 다른 곳으로 쉽게 주의가 분산된다. 다른 사람들이 무언가를 해야 한다고 주장할 때 "그게 아니고 이거야!"라고 말할 수 있는 합당한 이유가 없다면 남들의 얘기에 따라 가게 되는 것이 당연하다.

의지력이 강한 사람과 약한 사람의 차이는 바로 그것을 해야 하는 자기만의 명확한 이유를 가지고 있느냐 없느냐에 있다. 역사적인 인물들을 돌이켜보더라도 의지력이 강한 사람들은 모두 자기만의 '이유'가 있었다. 그들은 주어진 현실과 그 속에서 자신이 해야 할 일을 정확히 규정했고, 그 일을 왜 해야만 하는지 자신뿐만 아니라 다른 사람들도 명쾌하게 납득시킬 수 있었다.

의지가 강한 사람들은 가슴속에 강렬한 이유를 품고 있다. 그 강렬한 이유가 강력한 의지의 원천이라는 사실은 누구나 알고 있다.

그런데도 왜 사람들은 그 강렬한 이유를 갖지 않는 것일까? 강렬한 이유를 가지는 것 자체를 두려워하기 때문은 아닐까? 이유를 가진다는 것은 주도한다는 것이고, 주도하는 사람들에게는 고통과 위험이 따르게 마련이라는 것을 알고 있다. 어쩌면 이런 인식의 이면에는 우리 사회의 다수파들이 심어놓은 '안전'이라는 지루한 관념이 그물처럼 작용해, 우리 스스로가 그 그물에 자기 발목을 묶고 있기 때문인지도 모른다.

행복하다고 느끼는 사람, 원하는 것을 성취하는 사람들은 사실 소수다. 다른 사람들의 이야기에 우왕좌왕 갈팡질팡 하는 사람들은 자기 인생을 '주도'하지 않으므로 영원히 원하는 것을 얻지 못할 것이다. 우리가 원하는 것은 안전이 아니라 행복이라는 사실을 잊지 말자. '안전한 것이 곧 행복한 것'이라는 믿음은 우리를 안전이라는 그물에 영원히 가두어두려는 일종의 집단 마취제에 불과하다. 그렇다면 이제부터 '왜 해야 하는지'에 대한 자기만의 이유를 적어보자.

다시 말하지만 여기에서 밝힐 이유 역시 최대한 구체적으로 적어야 한다. 그리고 마음을 진동시키는 영혼의 울림을 통해서 확인한 것이어야 한다. 다른 사람들의 칭찬이나 비난과 같은 얄팍한 외부 자극에 영향 받지 말고, 내가 이 땅에 존재하는 한 반드시 추구해야 할 이유가 무엇인지 그리고 그것에 대해서 그토록 강력한 확신이 드는 이유가 무엇인지 진지하게 생각해보자. 자신을 속이거나 없는 데도 있는 척하지 말고 솔직하게 적어야 함은 기본이다. 비록 그것이 돈이나 이기심과 관계된 것이라 할지라도 무조건 솔직하자. 세상에 이기적이지 않은 사람은 아무도 없다. 아무리 용감하고 정의로운 사람이라 해도 결국 그 용기와 의협심을 통해 이루고자 하는 것은 자기 존재에 대한 증명이다. '인류에 도움이 되겠다'는 자기 증명 욕구 역시 자기만족 같은 이기심의 발로다.

만약 아무리 생각해도 전혀 해야 할 이유가 없다면, 첫 번째 질문으로 돌아가서 무엇을 할 것인지 다시 생각해보자. 첫 번째 질문에 진정성을 가지고 솔직하게 답했다면 두 번째 질문에도 쉽게 답할 수 있을 것이다.

원하는 것을 얻고 마음껏 행복해지기 위한 세 번째 질문은 바로 '어떻게 하면 그것을 할 수 있을 것인가'다. 첫 번째와 두 번째 질문에 대해서 고심해서 답을 썼다면 아마도 세 번째 질문은 그리 어렵게 느껴지지 않을 것이다. 물론 지금 당장 술술 써내려갈 수 없다 해도 실망할 필요는 없다. 앞의 두 가지 질문에 대한 대답을 생각하면서 마음속에는 이미 세 번째 질문에 대한 답을 찾아내고자 하는 행동의지가 꿈틀거리고 있을 것이기 때문이다. 그 행동의지는 우리를 이곳저곳으로 끌고 간다. 목표를 향한 행동의지 덕분에 관련 분야의 세미나에도 참석하고 책을 찾아서 읽으며 구루들의 삶과 연구결과들을 쫓아다니게 된다는 말이다. 이것은 미래에 대한 가능성을 확인하고자 하는 우리의 행동의지가 계속해서 여러 방법들을 갈구하는 것이다.

이 책을 쓰는 것 역시 나에게는 내가 원하는 삶을 살기 위한 몇 가지 방법 중 하나다. 내가 원하는 삶의 모습은 '사람들에게 긍정적인 삶의 열정과 에너지를 공급하는 사람'이 되는 것인데, 그런 목표를 향한 시도 중 하나가 바로 이 책을 쓰는 것이다.

'어떻게 할 것인가'를 고민하는 사람에게는 반드시 길이 열리게 되어 있다. 단지 우리 중 대부분이 내면에서 올라오는 중요한 질문의 답을 찾기보다 외부환경이 던져주는 질문에 답하느라 정신을 빼앗기고 있기 때문에 길이 없는 것처럼 보일 뿐이다. 길이 없는 게 아니라 바쁘다는 핑계로 길을 찾아볼 생각을 하지 않는 것이다. 더 중요한 게 무엇인지 헷갈리고 있으면서, 어쩌면 여러분은 '나처럼 열심히 노력하는 사람 있으면 나와보라고 해!'라고 말할지도 모른다. 그러나 그런 대답은 아무런 도움이 안 된다. 새로운 가능성을 찾을 수 있는 질문이 아니기 때문이다. 새로운 것을 찾아내서 가치를 실현하는 사람은 질문부터 다르다.

"어떻게 하면 이것을 잘할 수 있을까?"

"그 사람은 어떻게 그것을 성공적으로 완수했을까?"

알다시피 얼마나 수준 높고 구체적인 질문을 하느냐에 따라 우리가 얻을 수 있는 답도 달라진다. 즉 어떻게 질문하느냐에 따라 어떻게 행동할 것인가가 결정되는 것이다.

직장인들은 항상 불안하다. 구직활동을 할 때는 취직만 하면 다 될 것 같았다. 태산이라도 들어다 옮길 것 같은 커다란 포부와 열정이 있었고, 직장생활을 시작하면 정말 활기차게 살 수 있을 것만 같았다. 하지만 그런 처음의 마음가짐은 오래 가지 않고 곧 직장이 있어도 행복하지 못하다고 느낀다. 그러고는 뭔가 더 좋은 게 없을까 하고 이곳저곳을 뒤적거린다.

왜 그럴까? 앞에서 이야기한 세 가지 질문에 대한 답이 없는 채로 살고 있기 때문이다. 세 가지 질문은 삶의 본질에 접근하려는 시도다. 이 질문들에 대한 답이 없으면 직장에서 아무리 의욕적으로 일하고 활발하게 활동한다 해도 마음은 불안에 갇히게 된다. 불안이 커지면 불만이 생기고, 불만이 가득 찬 사람은 행복할 수 없다.

반면 세 가지 질문에 대한 명쾌한 답을 가지고 있는 사람은 무슨 일이 닥쳐도 흔들리지 않는다. 자신이 무엇을 해야 하는지 아는 사람은 주위 사람들에게도 영향을 미친다. 그 사람은 존재 자체로 주위 사람들에게 동기를 심어주고 열정을 이끌어낼 수 있는 힘이 된다.

생각해보자. 우리가 이제까지 믿고 따랐던 사람들은 분명 가고자 하는 자기만의 방향이 뚜렷했을 것이다. 사실은 그것 때문에 우리가 그를 따랐는지도 모른다. 바꾸어 말해서 우리가 누군가를 이끌고 싶다면 이쪽으로 가라고 지시하거나 저쪽이 맞다고 방향을 알려줄 것이 아니라, 자신이 가고자 하는 방향을 정하고 실제로 그곳을 향해 나아가는 모습을 보여주면 된다. 그것이 바로 앞에서 말한 세 가지 질문의 요지다. 그리고 여러분이 적어 내려간 답변은 우리 자신뿐만 아니라 다른 사람도 이끌 수 있는 강력한 리더십으로 연결된다.

우리는 너무나 오랫동안 이 질문에 대한 답을 회피해왔다. 그 결과 삶의 정체성을 잃어갔다. 정체성이 사라지면 자기 내부의 힘에 의해 삶이 결정되기보다 외부적 환경에 지배받고 휘둘린다. 이 얘기는 앞에서 말한 '주도적으로 선택하지 않으면 선택당하고 이용당한다' 는 이야기와 일맥상통하는 것이다. 우리가 세 가지 질문에 대한 답을 회피하고 못 본 척하면서 얻은 것이라고는 '불안한 게으름', 그것뿐이다.

행복한 삶을 위한 세 가지 질문을 잊어서는 안 된다. 이미 머릿속에 있다 해도 그것을 글로 적어보고 말로 표현해보면서 스스로에게 습관적으로 그 질문을 던져야 한다. 그래야 일상을 채우는 점 하나하나가 우리가 원하는 목표를 향해 일렬로 정렬한다. 원하는 방향으로 일상을 그려나가는 것, 성취의 방향을 향하는 올곧은 선이야말로 행복과 기쁨이 아니겠는가?

미치도록 나를 바꾸고 싶다면 표면이 아니라 내면의 근본을 바꿔야 한다. 그리고 그 근본을 바꾸는 핵심은 이 세가지 질문에 스스로 답하는 것이다.

자극의 순간들

한나라 장군 이광은 활을 잘 쏘기로 유명했다. 어느 날 사냥을 나갔다가 풀숲에 있는 돌을 호랑이로 착각하여 활을 쏘았는데, 그 화살촉이 바윗돌을 뚫고 들어가서는 빠지지 않는 것이었다.

신기하게 여긴 이광은 다시 한 번 돌을 향해 활을 쏘았다. 하지만 이번에는 화살촉이 돌에 박히지 않고 튕겨져 나왔다.

집중력을 가지고 오직 그 순간에 자신의 모든 에너지를 쏟아 붓는 것과 그렇지 않은 것 사이에는 이렇게 큰 차이가 난다.

자극과 반응의
유쾌한 선순환

똑같은 상사의 요구를 긍정적인 자극으로 받아들이는 사람은
자신이 인정받고 있다고 생각하기 때문에 더욱더 열정을 갖고 더 노력하게 된다.
그러다 보면 더 깊이 일에 몰입하게 되므로 결과적으로 좋은 성과가 따라올 수밖에 없다.
성과가 있으니 재미가 있고, 재미가 있으니 신바람도 난다.

"김 대리, 이 서류 좀 검토해보고 이번 주까지 개선안을 작성해보도
록 하지."

어느 날 아침 팀장이 이런 지시를 했다고 치자. 그런데 이 일은 내
일이 아니다. 굳이 따지자면 동료인 박 대리가 해야 할 일이다. 지금
하고 있는 일도 바빠 죽겠는데, 팀장이 갑자기 부담스러운 새 업무
까지 던져주니 당황스럽다.

이런 경우 여러분이 김 대리라면 상사의 지시를 어떻게 받아들이

겠는가? "이 일은 제 일이 아니라 박 대리의 일입니다. 박 대리에게 시키시죠."라고 말하겠는가? 아니면 "예, 검토해보고 말씀드리겠습니다."라고 말하겠는가?

박 대리의 일이니 그에게 시키라고 요구하는 쪽이라면, 여러분은 아마 상사의 지시에 약간의 스트레스를 받았을 것이다. 이 경우 상사의 지시는 우리에게 '부정적인 자극'이 된다. 부정적인 반응을 이끌어내는 스트레스의 원인이 되었기 때문이다.

반면 자신에게 일을 맡겨준 것을 고맙다고 생각해 상사의 지시를 흔쾌히 수용하는 사람이라면 그에게는 상사의 요구가 '긍정적인 자극'이 될 것이다. 그는 이렇게 생각한다. '내 일이 아닌데도 이 일을 나에게 시킨 건 분명 팀장이 나를 더 믿기 때문일 거야.'

결국 이런 긍정적인 생각 덕분에 그는 상사의 요구를 긍정적으로 받아들일 수밖에 없다. 안타깝게도 요즘엔 상사의 요구를 이렇게 긍정적으로 받아들이는 사람들이 별로 많지 않은 것 같지만 말이다.

어찌 되었든 후자와 같이 상사의 요구를 긍정적인 자극으로 받아들이는 사람은 자신이 인정받고 있다고 생각하기 때문에 맡은 일에 더욱더 열정을 갖는다. 그래서 남들보다 더 노력하게 되고, 그러다 보면 더 깊이 일에 몰입하게 된다. 결과적으로 좋은 성과가 따라올 수밖에 없다. 성과가 있으니 재미가 있고, 재미가 있으니 신바람도 난다. 그리고 이런 경험이 계속 쌓이게 되면 맡은 일마다 탄력이 붙는다. 생각만 해도 기분이 좋아지지 않는가. 그런데 이때 지금 당장

미치도록 나를 바꾸고 싶을 때

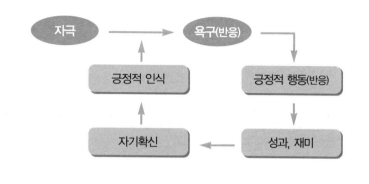

의 높은 성과보다 더 중요한 것이 하나 있다. 이런 경험이 마음속에 '세상에 대한 긍정적인 인식'이라는 중요한 습관 하나를 새겨놓는 다는 점이다. 이것을 그림으로 살펴보면 [그림1]과 같다.

선순환이냐 악순환이냐● ●

자극은 욕구를 낳는다. 그러나 이 욕구는 사람에 따라 다르게 나타 난다. 자극을 긍정적으로 받아들인 사람에게는 발전과 성장의 욕구 가 생기지만, 부정적으로 받아들이면 그 결과로 비난과 분노, 회피 같은 부정적인 반응이 따라온다. 특히 분노라는 반응은 밖으로 분 출되는 속성이 있기 때문에 경솔하게 상대방을 비난하거나 건전하지 못한 행동으로 대인관계의 갈등으로까지 나아가기도 한다.

부정적인 스트레스를 강하게 받은 사람들은 폭음, 폭식, 줄담배 같은 위험한 행동으로 폭주하는 경우가 많다. 하다못해 자신에게 스트레스 준 사람에 대해 누군가와 '뒷담화'라도 나눠야 직성이 풀리는 이들은 자기 얘기를 들어줄 다른 사람들을 찾아다니게 된다. 하지만 의도와는 달리 그런 행동들은 스트레스가 해소가 아닌 부정적인 갈등만 양산하는 결과를 가져올 뿐이다. 상사를 비난해봐야 돌아오는 것은 결국 자기 자신에 대한 좋지 않은 평가들이기 때문이다.

남의 험담 늘어놓기를 좋아하는 사람을 좋게 평가하는 사람은 아무도 없다. 결국 그는 주위 사람들이 자신을 나쁘게 평가하고 있다는 것을 알게 될 것이고, 그나마 조금 남아 있던 긍정적인 의지까지 한풀 더 꺾인 채 회사와 다른 사람들을 더욱더 부정적인 시각으로 바라보게 된다. 그러다 보면 일상에서 일어나는 크고 작은 모든 자극들을 무조건 부정적으로만 받아들이는 습관이 형성된다.

외부에서 가해오는 자극들을 부정적으로 인식하느냐 긍정적으로 인식하느냐에 따라 결과는 완전히 달라진다. 이런 경험들을 여러 차례 반복해서 겪게 되면 곧 완전한 습관으로 자리 잡게 되며, 안타깝게도 이렇게 한번 자리 잡은 패러다임은 잘 변화하지 않는다. 한번 싫어진 사람에 대한 인식을 여간해서는 바꾸기 어려운 것처럼.

자신의 노래를 한 번도 라이브로 불러본 적이 없는 립싱크 가수가 있었다. 기획사에서 철저히 상품으로 만들어진 가수였다. 데뷔하자마자 부정적인 자극들이 그에게 쏟아졌다.

"라이브가 엉망이야."

"쟤 가수 맞아? 저걸 노래라고 하는 거야?"

"얼굴 하나 믿고 나와서는…. 차라리 삼류 배우나 할 것이지."

대중의 반응에 그는 무척이나 상심했다. 가수가 된다는 생각에 너무 기쁜 나머지 자신의 능력은 생각하지도 않고 녹음기술에 의존해서 앨범을 냈다가 위기를 자초한 것이었다. 게다가 인기가 조금 시들해지자 기획사에서도 어쩔 수 없다는 듯 손을 들어버린 눈치였다. 모두들 그가 영원히 연예계를 떠나거나 좌절의 늪에서 빠져나오지 못할 것이라고 생각했다.

하지만 실망에 빠져 있던 그는 곧 생각을 바꾸었다. 대중들의 부정적인 피드백을 무시하거나 부정하지 않았다. 또한 분노를 터트리는 것 역시 문제를 해결하는 데 아무 소용이 없다고 생각했다.

그는 자신에게 쏟아진 부정적인 자극에 부정적으로 반응하는 대신 그것을 긍정적으로 해석해서 긍정적으로 반응하려고 부단히 노력했다. 어떠한 비판이라도 겸허하게 수용했고 노래 실력을 키우기 위해 끊임없이 노력하는 길을 선택했던 것이다. 대중의 비판을 통해 자신의 부족한 부분을 깨닫고 그것을 극복하기 위해 노력할 때 진정한 라이브 가수가 될 수 있다고 믿었다. 결국 그는 자신만의 라이브 무대를 열어 재기에 성공했고 가수로서 부끄럽지 않은 자신을 만나게 되었다. 그것은 모두 부정적인 자극들을 긍정적인 발전의 계기로 생각한 결과였다.

　직장생활을 하다 보면 수없이 많은 사람들을 만나게 된다. 상사, 선배, 후배, 동료, 파트너 그리고 내 경우에는 교육생들까지 포함해서, 수없이 많은 사람들과 만나본 경험을 통해서 경험으로 확신을 갖게 된 것이 바로 이 자극과 인식형성의 플로우Flow다. 플로우란 어떤 행위에 깊이 몰입하여 시간의 흐름이나 공간, 더 나아가서는 자신에 대한 생각까지도 잊어버리게 될 때를 뜻하는데, 실제로 나는 내 삶에 이 플로우를 적용시켜서 재미있고 즐거운 경험들로 나를 채워나가려고 노력하고 있다. 사람관계도 마찬가지여서 긍정적인 사람들을 많이 만나다 보면 점점 더 좋은 쪽으로 나아가는 '흐름'을 탈 수 있고, 집단적인 '긍정성'에 몰입하다 보면 세계관과 인식구조를 좀더 긍정적인 방향으로 건강하게 가꾸어나갈 수 있다.

　여러분은 어떤 플로우에 따라 살고 있는가? 어떤 플로우를 선택하느냐에 따라 인생은 극적으로 달라지며 궁극적으로는 삶의 질에 직접적인 영향을 미친다. 행복한 나를 만나려면 긍정의 플로우 속으로 들어가야만 한다.

사람이 무엇인가를 하기 싫어하는 이유는 크게 두 가지로 나눌 수 있다. 첫 번째는 그것을 하는 것이 귀찮기 때문이고 두 번째는 두렵기 때문이다. 직장인들이 새로운 업무를 배우지 못하는 것은 첫 번째 이유 때문이고, 지금 다니는 회사를 그만두지 못하는 것은 두 번째 이유 때문이다.

새로운 일을 배우지 못하면 회사를 그만둘 수 있는 실력을 쌓을 수 없다. 무엇인가가 귀찮아지기 시작한 사람은 시간이 지나면서 점점 그것을 두려워하게 된다. 두려워지기 전에 그것을 하라! 이것이 지혜로운 사람들이 던지는 주문이다.

쏟아지는 정보와 지식,
제대로 보기

나의 대인기피는, 유식은 차치하고 본인이 무척 무식하다는 데 있다.
깨닫지 못하면 모르되, 바이메탈이 붙었다 떨어지듯이
5초 상간으로 계속 자신의 무식을 자책해야 한다는 것은 괴로운 일이다.

_장정일

국가경제가 어려운 요즘도 2015년이 되면 1인당 국민소득이 2만 달러를 넘어설 거라며 많은 전문가들이 우리나라 경제에 대해서 낙관적으로 전망하고 있다. 실제로 점심도시락을 싸오지 못하는 아이들의 비율은 갈수록 줄어들고 있고, 여전히 20대 청년실업자가 많기는 하지만 그들이 정말 먹을 게 없어서 굶어 죽어가고 있는 것은 아니다. 분명히 예전에 비해 우리의 주머니 사정은 좋아졌고 생활은 윤택해졌다. 그리고 이런 경제적인 풍요와 안정은 우리를 힘들고 고통스러운 노동으로부터 해방시켜주기도 했다.

미치도록 나를 바꾸고 싶을 때

그런데 문제는 생활이 윤택해지고 여유로워지는 대신, 세상과 관계를 맺는 우리의 태도에 게으름과 나태함이 침투하고 있다는 것이다. 배 둘레에 기름기가 많이 끼면 낄수록, 몸의 움직임과 마찬가지로 삶을 대하는 태도 역시 뒤룩거리듯 둔해지고 게을러진다. 소위 '3D 업종'이라고 불리는 힘들고 어렵고 위험한 생산직에는 늘 인력이 부족해서 외국인 노동자들을 수입하고 있지만 청년실업자는 갈수록 늘어만 가고 있는 것이 이런 현실을 단적으로 보여준다.

더 심각한 문제는 그러한 나태함과 흐리멍덩함이 '태도'와 '행동'만이 아니라 '정신'에도 파고든다는 사실이다. 치열한 경쟁으로 너나 할 것 없이 미친 듯이 내달리고 있는 세상 속에서 어떻게 자기 자리를 찾을 것인가, 어떻게 스스로에 대한 굳건한 믿음을 가질 것인가, 그런 자기 확신과 믿음을 통해 삶이라는 나무를 어떻게 아름답게 가꾸어갈 것인가에 대해 점점 더 무관심해진다는 것이다.

경제적인 상황이 좋아지고 생활수준이 올라갈수록 각자 자신의 내면을 더욱 깊이 탐구하고 성실한 태도로 인격적으로나 정신적으로나 자신을 좀더 곧추세워야 하는데도, 사람들은 점점 더 얄팍해지고 물렁해져만 간다. 아무리 부유하고 풍요롭다 해도, 숭고한 노동을 통해 자신을 증명하거나 깊이 있는 지혜를 통해 다른 사람을 도와줌으로써 믿음을 만들어내지 못하는 일상은 우리의 삶을 변두리로 몰아세울 뿐이다. 그런 의미에서 미국의 사상가이자 작가인 헨리 데이비드 소로우Henry David Thoreau의 말은 의미심장한 혜안을 던져준다. "노력으로부터 지혜와 경건함이 오며 나태로부터 무지와 육욕이 온다."

　그런 의미에서 자극관리는 경제적인 상황이 좋아질수록 더욱 강조되어야 한다. 물질적으로 풍요로운 사람들은 끈기와 인내, 성실성을 끊임없이 연습하여 그것을 습관으로 정착시킬 수 있는 자극의 기회를 얻기가 어렵다. 때문에 자신의 진정성을 잃어버리고 스스로를 곤란한 상황으로 몰아갈 수도 있다. 돈이 없는 것도 문제지만 돈이 너무 많은 것도 문제다. 우리가 돈을 통제할 수 없다면 돈이 우리를 통제할 것이고, 그 첫 번째 신호탄이 바로 우리의 눈과 귀를 멀게 하는 것이다. 사람은 풍요로워지면 자극에 둔해지고, 자극에 둔해지면 자신을 긍정적으로 변화시킬 좋은 자극의 기회까지도 스스로 차버리는 경우가 많아진다.
　경제적 혹은 심리적으로 어려움을 겪고 있는 사람들이라면 더욱 적극적으로 자극을 관리해야 한다. 그리고 이런 자극관리는 자극에 대해서 스스로 어떻게 반응하는지를 정확히 관찰하고 그렇게 반응하는 이유를 솔직히 찾아낼 수 있다는 것을 전제로 한다. 자신에 대해서 제대로 알지도 못하는 사람은 자신을 관리할 수 없다.

　스스로 권태에 빠져 있다는 사실을 인식하는 사람만이 마음속의 권태를 제거할 수 있고, 무언가가 두려워서 적당히 타협하면서 살고 있다는 것을 솔직하게 인정하는 사람만이 그것을 딛고 일어설 수 있다. 자기 자신에 대해서 잘 모르는 사람은 대체로 무지와 오만을 버무려 '될 대로 되라'는 식으로 함부로 말하고 막 나가는 행동을 한다. 결국 그렇게 스스로를 망친다.

자극에 대한 반응은 사람마다 다 다르다. 반응하는 방식이 다른 만큼 그렇게 반응하는 이유도 다 다르다. 때로는 두려워서, 때로는 정의감에 불타서, 때로는 귀찮아서, 때로는 기뻐서… 등등 어떤 이유에서든 '내가 왜 이렇게 반응했는가'에 대해 무감각하게 지나칠 것이 아니라 스스로 명쾌하게 그 이유를 발견할 수 있어야만 변화하고자 하는 방향으로 새로운 반응을 만들어낼 수 있다.

《논어論語》에서는 "아는 것을 안다고 말하고 모르는 것을 모른다고 말하는 것이 진정으로 아는 것이다."라고 했다. 이때 진정으로 안다는 것은 무엇을 안다는 것일까? 자기 자신을 안다는 뜻이 아닐까? 모르는 것을 모른다고 말할 수 있는 사람은 자신을 알고 있는 사람이며 그는 스스로를 관리할 수 있는 사람이다. 무지를 인정하는 사람은 용감하다. 그 정도의 용기라면 다가오는 자극에 대해서 예전과 다르게 반응하도록 자신을 바꿀 수도 있다.

성능 좋은 안테나를 세워라 ••

시간관리를 강조한 피터 드러커Peter Drucker는 지식노동자들에게 시간을 관리하려면 '먼저 기록부터 해야 한다'고 말했다. 오늘 하루 동안 자신이 어떻게 시간을 사용했는지 기록해두면, 효율적으로 사용되는 시간과 쓸데없이 낭비되는 시간을 체크할 수 있고 시간을 낭비하게 되는 요소를 없앤다거나 시간활용에 효율적인 방법들을 더 강화할 수도 있다. 여기서 시간사용을 기록한다는 것은 현재 자신이 무엇을 하고 있는지에 대해서 스스로 관찰할 수 있다는 사실이 전제가 된다. 스스로를 관찰할 수 있는 사람은 자신을 기록하고 관리해나갈 수 있다는 것, 이것이 바로 시간관리를 강조한 피터 드러커의 요지다.

언젠가 강의를 마치면서 이런 말로 마무리한 적이 있다.

"여러분 지금까지 저의 말을 귀담아 들어주셔서 감사합니다. 표정을 살펴보니 다들 무척이나 고무되고 자극받으신 것 같군요. 앞으로 자신의 성장과 발전을 위해 힘껏 노력하시려는 의지가 생긴 것으로 생각됩니다. 하지만 지금 이 교육장에서 문을 열고 나가는 즉시 여러분의 그런 의지는 현실로부터 집중포화를 받게 될 것입니다. 장담하건대 아마 퇴근시간이 되기도 전에 저에게서 들었던 이야기와 지금 가지게 된 의지들은 모두 사라지게 될 것입니다. 현실은 우리의 의지를 맹렬하게 공격하고 우리는 그것에 무방비상태로 노출되어 있기 때문입니다. 하지만 이것을 극복하면 현실과의 싸움

미치도록 나를 바꾸고 싶을 때

에서 승리할 수 있습니다. 그러한 승리의 기본 전제는 여러분들이 현실의 공격을 받을 때 과연 내가 무엇을 지키려고 싸우고 있는지에 대해서 스스로 관찰할 수 있어야 한다는 것입니다. 자신을 관찰하지 못하는 사람은 자신을 관리할 수 없지요. 자신을 관찰하는 사람은 왜 거부하고 왜 순응하는지를 알 수 있습니다. 그리고 변화란 것은 바로 그 순간에 시작됩니다."

　세상이 두렵게 느껴진다면 그것은 자신이 자극을 제대로 관리하지 못하고 있다는 증거일 수있음을 알아야한다. 무언가를 성취하기 위해 열정을 불태우는 사람들은 세상이 무섭지 않다. 오히려 세상이 그를 두려워한다. 우리가 성장하고자 하는 의지를 버린다거나 자극관리를 포기할 때 세상은 폭풍처럼 우리를 덮쳐온다. 원래 세상이 두려운 것이 아니라 내가 나를 제대로 관리하지 못할 때 두려움이 찾아오기 때문이다. 내가 강해지면 세상은 약해진다. 강한 자에게 세상은 자신의 온순한 모습을 그대로 보여주며 순응한다. 다시 한 번 강조하지만, 현실과의 싸움에서 승리하기 위해서 가장 먼저 해야 할 일은 자극에 대한 반응을 제대로 관찰할 수 있는 성능 좋은 안테나를 세우는 것이다.

1부 삶이라는 지렛대 위에서 기우뚱거리는 나

자극의 순간들

'나는 물만 먹어도 살이 찐다'고 말하는 사람들이 있다. 내 상식으로는 물만 먹고 살이 찐다는 건 도무지 말이 안 된다. 도대체 물을 얼마나 많이 마시기에 물만 먹어도 살이 찐다는 걸까? 분명 그 사람은 물과 함께 다른 것도 먹고 있을 것이다. 궁금하면 하루 종일 그를 따라 다녀보라. 그는 식욕이라는 자극에 속수무책으로 넘어가는 많은 사람들 중 하나일 것이다.

어느 날 나는 물만 먹어도 살이 찐다는 한 사람에게 물었다.

"저녁에 뭐 드시죠?"

"먹기는요, 별것 안 먹어요. 통닭이랑 피자 같은 거 좀 먹고 콜라 한두 잔 마시는 정도가 다예요."

"…"

그는 자신을 제대로 관찰하지 못하는 사람이었다.

미치도록 나를 바꾸고 싶을 때

3인칭 관찰자 시점으로 세상보기

제3자의 관점에서 바라보면, 똑같은 현실도 다르게 보인다.
자신을 볼 수 없는 사람은 세상도 볼 수 없다.

길거리에서 자동차를 세워놓고 두 사람이 옥신각신 시비가 붙었다. 접촉사고가 난 것이다. 두 사람은 서로에게 책임을 떠넘기기에 급급했다.

"당신이 깜박이도 안 넣고 차선을 바꾸니까 이렇게 된 것 아니야."

"당신? 나를 언제 봤다고 당신이야! 나이도 어려보이는 게, 뭐? 당신?!"

상대적으로 젊어 보이는 사람이 약간은 미안한 듯 이렇게 말했다.

"그래요. 방금 제가 당신이라고 한 건 미안하게 됐습니다. 갑자기 이런 일이 생기니까 저도 모르게 흥분해서 그런 말이 나왔습니다."

그렇게 몇 번의 거친 대화가 오가다 젊은 사람이 이렇게 말했다.

"사람들 많은 데서 이럴 게 아니라 저쪽으로 가서 이야기하시죠."

자극을 자기발전의 에너지로 쓸 수 있도록 적절하게 받아들이기 위해서는 먼저 그것을 바라보는 눈을 키워야 한다. 같은 장면을 목격하고도 사람에 따라 해석이 다른 것은, 이런 서로 다른 눈높이 때문이다. 대부분 사람들은 흥분하면 다른 것들이 눈에 잘 보이지 않는다. 특히 나의 말과 행동이 상대방에게 어떤 영향을 미칠 것인지에 대해서는 전혀 고려하지 않는다. 반사적으로 튀어나오는 말과 행동이 이성의 여과 없이 그대로 나가버리고 나면, 그 자극적인 말에 더욱 흥분한 상대방 또한 자연스럽게 반사적으로 말을 내뱉는다. 이렇게 상대방의 감정을 의식하지 않고 나오는 대로 말하거나 행동하는 경우를 1차원적인 인식이라고 한다.

고객에게 무뚝뚝하게 대하는 직원에게 팀장이 "왜 그렇게 고객들에게 불친절하게 대하느냐?"고 물었더니 "나 그런 적 없는데요?!"라고 말하는 경우도 여기에 해당된다. 자기가 한 말과 행동을 상대방이 어떻게 느끼고 생각할지에 대해 전혀 고려하지 않는 것이다. 이런 사람들은 주위에 의외로 많다. 쉽게 화를 내고 분노하며 그러다 보니 인간관계가 원만하지 못하다. 그런 사실에 본인도 스트레스를 많이 받는다. 그러나 장점도 있다. 일단 뒤끝(?)이 없어서 몇

년 후에까지 과거의 일을 떠올리며 곱씹어 미워한다거나 앙심을 품지는 않는다는 점이다. 현재의 감정에 충실하기 때문에 화가 나면 즉각 화를 내고 분노가 일면 분노를 표출하니 마음속에 감정의 찌꺼기가 하나도 남지 않는 것이다. 그러나 아쉽게도 그런 특성을 자기발전의 밑거름으로 삼기에는 많이 부족하다.

반면 2차원적인 인식은 내가 이렇게 말했을 때 상대방이 어떻게 생각할까 혹은 어떻게 반응할까를 고려하는 것이다. 앞에 나온 접촉사고를 낸 두 사람의 대화에서 젊은 사람이 말 실수를 한 것에 대해서 먼저 사과하는 장면이 바로 여기에 해당한다. 자기도 모르게 말을 했지만 생각해보니 상대방에게 기분 나쁘게 들렸을 법하다는 사실을 인정하고 사과한 것이다. 상대방의 감정을 고려하면서 말과 행동을 할 수 있다면 우리는 2차원적인 인식의 단계에 도달해 있다고 봐도 좋다.

그렇다면 3차원적인 인식이란 무엇일까? 여러분이 고객과 상담을 하고 있다고 가정하자. 고객은 우리에게 궁금한 점을 물었고 우리는 그것에 대해 답변을 하고 있다. 어떻게 하면 효과적으로 고객을 설득시킬 수 있을지 고민하면서 최선을 다하고 있는 중이다. 경험이 많은 사람들은 이런 경우 상대방이 어떤 생각을 할까에 대해 끊임없이 머릿속으로 연상해보고 그에 맞는 적절한 말을 선택해서 사용하고 있는 자신을 발견한다. 그리고 때로는 마치 유체이탈이라도 하는 듯이

1부 삶이라는 지렛대 위에서 기우뚱거리는 나

몸과 마음은 고객과 대화를 하도록 내버려두고 눈만 따로 떨어져 나와서 사무실 한 귀퉁이에서 그 모습을 지켜보는 것이다. 소설로 치자면 전지적 작가시점, 즉 3인칭 시점이라고 보면 될 것이다. 앞에 나온 대화에서 젊은 사람이 마지막에 했던 말을 다시 떠올려보자.

"사람들 많은 데서 이럴 게 아니라 저쪽으로 가서서 이야기하시죠." 그는 이렇게 길을 막고 다투고 있는 자신의 모습을 객관적으로 바라보았고 그것이 상당히 볼썽사나웠다는 것을 느낀 것이다. 이처럼 객관적인 시각을 가지고 스스로를 바라볼 수 있는 사람은 대인관계가 원만하고 불필요한 오해 없이 생산적인 부분에 더욱 집중할 수 있다.

"자연스럽게 보이고 싶은 욕망만큼 부자연스럽게 보이는 것은 없다." 이 말은 프랑스의 작가 라 로슈푸코La Rochefoucauld의 말이다. 처음 해보는 일이라거나 잘 못하는 일을 해야 할 때, 마치 그것을 아주 잘하는 사람인 것처럼 자연스럽게 보이고 싶은 마음이 드는 건 누구나 마찬가지일 것이다. 자연스럽게 잘하는 것처럼 보이고자 의식적으로 노력해보지만 오히려 그것이 굉장히 부자연스러워 보이는 경우가 많다. 남의 시선을 지나치게 의식하는 사람은 3차원적으로 자신과 세상을 바라보지만 그것이 오히려 부담으로 다가올 수도 있다. 문제는 그 상황을 객관적으로 바라보려고 노력하느냐는 것이다. 3차원적인 인식은 단순히 남들이 보기에 멋있는지 아닌지를 판단하는 게 아니라, 자신과 주위 환경을 적절하게 통제된 성장의 관점에서 바라보게 만든다.

　자극을 긍정적으로 받아들이고 자기발전에 효과적으로 이용하기 위해서는 이렇게 3인칭 시점에서 자신과 세상을 바라볼 수 있어야 한다. 처음부터 끝까지 자기 주관만 내세운다거나 반대로 지나치게 상대방을 의식한 나머지 해야 할 말도 제대로 못하고 대화를 마무리해 버린다면 좋은 결과로 이어지기 힘들다. 순간적인 판단에 의존한다거나 단발적인 손익만 따지지 말고 다른 사람의 이해관계까지 볼 줄 아는, 좀더 깊고 넓은 시각으로 세상의 현상들을 바라볼 수 있을 때　비로소 자극에 대한 합리적인 이해가 가능하다. 그리고 그런 이해가 있어야만 소모적인 감정싸움이 최소화되고, 경험을 발전적인 자극제로 활용할 수 있다.

　이에 관해서 메트 노가드의 견해를 인용하면 이렇다.

　"전문성은 브랜드의 핵심이다. 그러나 어떤 능력에 정통하고자 한다면, 먼저 스스로에 대해서 정통해야만 한다. 그리고 스스로에 대해 정통할 수 있는 능력은 인식과 선택에서 나온다. 우리는 자신의 개인적, 직업적 재능과 한계, 그리고 동기와 감정에 대해 분명히 인식하고 있어야 한다. 자신에 대한 인식을 강화할수록 강한 적응력과 탁월함을 발휘할 수 있다. 그럴 때 비로소 우리는 진정한 선택의 자유를 누릴 수 있으며, 나아가 올바른 판단을 내릴 수 있다."

현대사회의 특징을 살펴보면 3차원적 관점으로 세상에 접근해야 하는 중요한 이유가 하나 더 있다. 바로 3차원적인 관점을 가져야만 고객의 욕구와 자신의 욕구가 만나는 접점을 발견할 수 있다는 점이다. 3인칭 시점으로 상대방의 말을 들으면 단순히 그의 욕구를 이해하는 차원을 뛰어넘어 그것이 사회적으로 얼마나 가치 있는 것인가까지 판단할 수 있는 힘이 생긴다. 서비스 기관에 종사하는 사람들에게 이런 능력은 사실 아주 중요한 것이다. 몇몇 소수의 고객이 요구한 것을 가지고 모든 고객이 원하는 것으로 잘못 확대해석하는 문제가 생길 수도 있고, 반대로 매우 중차대한 요구를 무시해서 큰 오류를 범하는 경우도 있다.

3차원적 관점에서 세상을 바라보는 것은 이 모든 상황에 대한 실패 가능성과 위험성을 줄여주고 성장을 위한 새로운 기회를 제공하는 확실한 방법이다. 그리고 다른 사람들이 세상을 어떻게 보는지에 대한 그들의 시각을 느낄 수 있고 경험할 수 있기 때문에, 거꾸로 입장을 바꿔 어떻게 하면 그들에게서 적합한 말과 행동을 이끌어낼지도 연구할 수 있다.

물론 이런 관점을 갖는다는 것이 쉬운 일은 아니다. 깨달음의 순간이 필요하고 연습이 필요하다. 하지만 가만히 생각해보면 우리는 누구나 이런 경험들을 가지고 있고 그것을 느끼고 있다. 단지 필요한 것은 의식적으로 훈련을 한다거나 실제 생활에 유용하게 쓸 수 있도록 적용시키는 것뿐이다. 매 순간, 아니 중요한 결정의 순간만이라도 3차원적인 관점에서 나와 세상을 바라보는 연습을 해두자. 갑자기 세상이 나를 포근히 감싸 안고 도와준다는 느낌을 받을 것이다. 지금도 우리는 그것을 경험하고 있다. 세상이 나를 도와주려 한다는 사실을 말이다.

자극의 순간들

"우리는 무언가를 할 수 있다고 생각하는 것으로 자신을 평가한다. 그러나 다른 사람들은 우리가 이미 성취해놓은 것으로 우리를 평가한다."

미국의 시인 롱펠로Longfellow의 말이다. 이 말을 처음 들었을 때 얼마나 큰 자극을 받았는지, 아직도 잊지 못하고 있다. 그 날 이후 나는 이미 성취해놓은 것으로 스스로를 평가하려고 노력한다.

그런데 어느 날 구본형 선생의 책을 읽다가 '때로는 성취해놓은 것이 없으면 가능성이라도 알려서 성취할 기회를 만들어야 한다'는 이야기를 보았다. 어라? 자극의 충돌이 일어났다. 잠시 당황했지만 나는 곧 나름대로 종합적인 결론을 내렸다.

자신의 내부에서는 이미 성취해놓은 것으로 자신을 냉정히 평가하고, 외부에는 성취할 가능성을 알려서 적극적으로 기회를 만들어가야 한다는 것이다.

나를 바꿀 의지가 생겨나는 6가지 이유

'생각'을 하기 이전에 '어떤 방법으로 생각하고 있는가' 라는
질문에 먼저 답할 수 있어야 한다.
우리는 언제 변해야겠다고 결심할까?

"좋아하는 영화 제목이 뭐야?"

"응? 없어. 영화는 봐도 그때뿐이고 금방 잊어버리는 걸. 요즘 영
화는 하나같이 재미도 없고….'"

"그럼 뭐가 재밌어?"

"몰라. 그런 거 묻지 마!"

어느 날 친구를 만나 나눈 대화다. 우리는 그냥 서로를 보며 허탈
하게 웃고 말았지만 그 후의 대화에서도 그 친구의 삶은 윤기라고

미치도록 나를 바꾸고 싶을 때

는 하나도 없는 팍팍하고 까칠한 마른 낙엽 같아 보였다. 뭔가 즐겁고 신나는 기운, 생생하게 파닥거리는 에너지는 하나도 느껴지지 않았고, 그는 자기 자신과 삶에 전혀 만족하지 못하고 있는 것 같았다. 잠시 후 그는 무심한 표정으로 스치듯이 "내가 왜 사는지 모르겠다."고 말하고는 돌아갔다.

실제로 그 친구처럼 특별한 자극이나 반응 없이 하루하루를 그냥 무덤덤하게 살아가고 있는 사람들이 많다. 자극이 될 만한 요소가 거의 없는 그저 그런 나날들, 낮은 에너지 상태에서 좋지도 않고 싫지도 않은 무감동한 날들이 무심코 지나가는 것이다. 살아간다기보다는 죽어간다는 표현이 더 적절할지도 모르겠다.

이런 무기력증은 외부에서 주어지는 자극에 반응할 때 어떻게 하면 가장 스트레스를 적게 받는지, 그 방법을 터득한 후 그것이 습관으로 정착된 결과다. 자극을 회피하거나 거부하는 것이 자극에 대응하는 가장 쉽고 편한 방법임을 우리는 경험으로 알고 있다. 그것은 스트레스를 적게 받기 위해 우리가 스스로를 보호하기 위한 일종의 습관적 선택같은 것이다. 그렇다면 스트레스를 가장 적게 받는 방법이란 게 무엇일까? 당연히 자극에 반응하지 않고 외면하는 것, 즉 무반응이다. 이것이 지속적으로 반복되면 무반응은 저주받은 마법처럼 끔찍한 습관으로 자리 잡는다.

나이가 든다는 것은 그에 비례해서 많은 경험을 가진다는 것이다.

그리고 비슷한 경험들이 반복되는 경우 어느덧 거기에 익숙해져 같은 자극을 받아도 약하게 반응한다. 급기야 보통 사람들이라면 크게 놀라거나 경악할 만한 일이 일어나도 눈만 껌뻑거릴 뿐 별다른 감정의 동요조차 일어나지 않는 무심하고 무기력한 사람이 되기도 한다.

그러니 아무리 감동적인 영화를 봐도 눈물이 나오지 않고, 아무리 좋은 구절을 읽어도 별다른 감흥이 일지 않는다. 좋은 친구를 만나도 유흥 외에는 할 것이 없고 무언가 해보고자 하는 의욕도 생기지 않는다. 때문에 요즘은 젊은 사람들도 여든 잡순 노인네처럼 생각하고 행동하는 것을 쉽게 찾아볼 수 있다. 신체 나이는 어리지만 감각은 이미 너무 늙어버려서 모든 의욕을 상실한 결과다.

지나치게 현실에 민감하게 반응해서 미친년 널뛰듯 아침저녁으로 마음이 바뀌는 것도 문제지만, 어떤 자극에도 전혀 전도되지 못하고 무미건조하게 사는 것은 더 큰 문제다. 전자의 경우 마음이 자주 바뀌기는 하더라도 늘 열려 있지만, 자극에 전혀 반응이 없는 후자의 경우는 아예 마음의 문이 닫혀 있는데다 자기 자신 외에는 다른 외적인 동기부여 방법이 없다. 실제로 자극에 민감해서 마음이 자주 바뀌는 사람들은 성격이 활발해서 스트레스를 금방 이겨내지만 자극에 반응이 없는 무감각한 사람은 쉽게 변하질 않는다. 너무나 무디어져서 아무리 강한 자극에도 별다른 반응이 없고, 변화에 대한 의지와 필요성을 느끼지 못하기 때문이다. 자극을 발견할 수 있는 능력까지 상실한 것이다.

나를 바꿀 의지가 생겨나는 6가지 이유들••

그렇다면 우리에게는 언제 자신을 바꾸어야겠다는 의지가 생기는 것일까?

첫 번째, 의미를 발견할 때 변화하고자 하는 의지가 생긴다. 혼자 보기 아까운 좋은 책이 있어서 동료에게 선물을 했는데 그가 선물 자체에 감사할 뿐만 아니라 나의 특별한 관심과 애정에 고마워할 때 그는 나를 새롭게 인식하게 된다. 의미를 재발견한 것이다. 물론 이렇게 의미를 발견하기 위해서는 기본적으로 마음이 열려 있어야 하고 평소에 많은 사람들과 만나고 대화하며 다양한 사고들을 접해 보아야 한다.

고등학교에 다니던 시절, 나는 아르바이트로 신문배달을 했었다. 내가 맡은 구역은 아파트 단지였는데 하필이면 그 아파트의 현관문에는 신문을 넣을 수 있는 구멍이 따로 없었다. 그래서 생각해낸 것이 신문을 펼쳐서 현관문 아래쪽 틈새로 밀어 넣는 것이었다. 그렇게 하면 신문이 현관문 안으로 완전히 들어가기 때문에 분실될 우려가 없었다. 하지만 문제는 시간이 많이 걸린다는 것이었다. 학교도 가야 하고 공부도 해야 했기 때문에 항상 아침 시간이 부족했던 내게 신문을 펼쳐서 밀어 넣는 일은 여간 귀찮은 게 아니었다. 그래서 가끔은 꾀를 부리느라 그냥 현관문 앞에 던져두기도 했다.

그러던 어느 날 열심히 신문을 펼쳐서 현관문 틈새로 밀어 넣고 있는데 갑자기 그 현관문이 열리는 것 아닌가. 신문이 들어오는 소리를 들은 집주인이 문을 열고 받아준 것이었다. 그러고는 나에게 이렇게 말했다.

"학생, 고마워요. 이렇게 매번 안으로 쏙 밀어 넣어주니까 한 번도 없어지는 일이 없네. 예전에는 아침에 신문이 없어져서 다시 가져오라고 전화한 적이 많았는데. 이제 안 그래도 되니까…"

아주머니는 잠시 기다리라고 하시더니 우유 한 잔을 컵에 따라주셨다. 그날 이후로는 현관문 틈새로 신문을 펼쳐서 밀어 넣는 일이 귀찮게 느껴지지 않았다. 그 일의 의미를 발견했기 때문이었다.

자기변화의 의지가 생기는 두 번째 경우는 위기의식을 느낄 때다. 우연히 팀장들 간의 대화를 엿듣게 되었는데 "김 대리는 추진력이 부족해." 하고 자신에 대해서 평가하는 이야기를 들었다면 어떤 생각이 들겠는가? '내가 추진력이 부족하기는 뭐가 부족해?' 라며 현실을 부정할 수도 있고, '그렇다면 앞으로는 좀더 과감해질 필요가 있겠어!' 라고 결심할 수도 있다. 사람은 누구나 평가받을 때 긴장한다. 사회생활을 하면서 다른 사람의 평가가 곧 생존과 직결된다는 사실을 알게 되었기 때문이다. 자신의 생각과 행동에 대해서 다른 사람들이 어떻게 생각하는지를 살펴보는 것은 우리 자신에게 위기의식을 일깨울 수 있는 계기가 된다.

건강검진을 하고 나면 사람들은 잠시나마 건강의 중요성에 대해

미치도록 나를 바꾸고 싶을 때

실감하고 몸을 챙긴다. 자신의 몸 상태를 수치로 확인하고 전문가의 소견을 접하니 위기의식이 생긴 것이다. 그래서 당장 운동을 시작하겠다느니 식이요법을 하겠다느니 하며 법석을 떤다. 이렇듯 위기의식은 지금의 자신을 변화시켜야 한다는 의지를 자극한다.

이런 위기의식이 없는 사람들은 쉽게 지친다. 사실 우리를 지치게 하는 것은 피곤함이 아니라 지루함과 나태함이다. 위기의식과 긴장감이 사라진 곳에는 반드시 지루함과 게으름이 들어서게 마련이다.

세 번째, 변화해야 할 이유를 찾았을 때 의지도 따라서 생긴다. 자신을 변화시키고자 하는 의지를 찾는다는 것은 '욕구'를 개방하는 것과 깊은 연관이 있다. 하고자 하는 것, 즉 자신의 욕구를 인정하고 그것을 충족시키기 위한 모든 가능성을 열어두는 사람들은 의지력에 불을 붙여 자기관리에 열정을 발휘하는 경우가 많다. 자기변화의 이유는 논리적인 것보다는 감정적인 것인 경우가 많기 때문에 욕구로부터 지대한 영향을 받는다.

별로 친하지 않은 사이였는데 어느 날 그가 나에게 호감을 가지고 있다는 사실을 알게 되었다면, 그 후에는 그를 대하는 내 태도가 달라진다. 마음속에 그를 따뜻하게 대해줘야 할 이유가 생겼기 때문이다. 이것 역시 논리적인 것이라기보다는 감정적인 이유에서 나온 행동이다. 그를 잘 알게 되었거나 그가 나를 좋게 생각하고 있다는 것을 알기만 해도 나는 충분히 그를 좋아하게 된다.

네 번째는 신뢰가 형성되었을 때다. 사람들은 자신을 믿어주는 사람을 위해서 희생할 각오가 되어 있다. 언젠가 나는 나를 진심으로 인정해주고 미래의 청사진을 같이 만들어가자고 말하는 사람과 만난 적이 있다. 나는 코끝이 시큰해지고 눈물이 핑 돌 만큼 감동했다. 그가 이토록 나를 인정해주고 믿고 있다면 나 또한 그의 믿음에 보답하기 위해서 그를 바라보는 태도를 바꾸고 다른 모습을 보여야겠다는 의지가 생긴 것이다. 리더를 진심으로 신뢰하는 사람이 있다면 다른 조건들이 불합리하다 해도 리더와 함께 행동할 것이다. 그래서 모든 추종자들은 중독자들이다. 게다가 그들은 단 한 번의 중독으로 영원히 중독에서 빠져나오지 못한다.

미래의 가능성을 믿고 거기에 기대를 거는 것도 변화하고자 하는 의지를 만들어낸다. 이루어질 가능성이 높고 확신이 강할수록 그것을 행동으로 옮길 가능성은 높아진다. 확신이 없는 사람은 어떤 일에도 뛰어들지 못하고 머뭇거리다가 기회를 놓치고 만다. 어떻게 보면 우리는 평생에 걸쳐 자기확신을 강화시키는 방법을 배우고 학습하고 있는지도 모르겠다.

다섯 번째, 자신이 발전한다고 느낄 때 의지가 생긴다. 어제와 다른 오늘의 나를 발견한다는 것은 쉬운 일이 아니다. 어제의 상태를 정확하게 알고 있어야 하기 때문이다. 또한 '자신을 안다'는 것은 자신을 평가할 수 있는 기준을 가지고 있다는 의미도 포함된다. 그 기준을 스스로에게 적용해서 어제와 다른 '오늘의 나'를 발견하게 되면 '내일의 나'는 더욱더 발전된 모습일 것이라고 기대하게 된다. 그러한 기대는 우리로 하여금 변화하고자 하는 의지를 지금 당장 실천에 옮기도록 만드는 에너지가 된다. 그런 식으로 선순환에 접어들면 발전은 의지를 자극하고 의지는 다시 발전을 낳게 된다.

여섯 번째, 재미가 있을 때 의지도 생긴다. 직장인들을 대상으로 교육을 진행하다 보면 왜 강의를 재미있게 해야 하는지 절감할 때가 많다. 똑같은 내용인데도 재미있게 진행했을 때와 그렇지 않을 때는 강의에 대한 피드백이 확연히 다르다. 만족도에서 차이가 나는 것은 물론이고, 하다못해 강의가 끝난 후 악수를 청해오는 사람들의 수도 다르다. 재미를 느낀 사람들은 강의를 통해 삶을 되돌아보는 기회를 얻었으며, 동시에 마음까지 활짝 열어젖혔던 것이다.

나만 모르고 있었던 나의 무심함 ••

반대로 자극에 무감각하거나 자극을 제대로 받아들이지 못하는 사람들의 특징은 이제까지 이야기했던 경우를 뒤집어 생각해보면 쉽게 알 수 있다.

앞에서 이야기했던 여섯 가지를 반대로 생각해보자. 그들은 매우 중요한 일임에도 의미를 발견하지 못하고, 위기를 감지하는 능력이 부족하며, 왜 그 일을 해야 하는지 이유를 알지 못하고, 다른 사람을 믿으려 하지 않으며(혹은 반대로 누군가로부터 신뢰를 얻지 못하고), 자신이 발전하고 있다는 사실을 경험으로 확인해본 적도 없고, 세상의 수많은 재미있는 일들을 옆에 두고도 재미를 발견하지 못하는 사람들이다. 한마디로 무미건조한 성격에 무기력증까지 겹친 심각한 상태라고 할 수 있다. 이 경우 가장 큰 문제는 자신이 무기력증에 빠진 재미없는 사람이라는 사실을 자신만 모르고 있다는 점이다.

예를 들어 어느 팀에 모든 화근의 원천이자 집단 스트레스의 근원으로 지목된 팀장이 있다고 하자. 그 팀의 팀원들은 하나같이 '우리 팀장이야말로 가장 먼저 변해야 할 사람이지만 가장 변화를 받아들이지 못하는 사람'이라고 생각하는데, 정작 그 문제의 팀장은 스스로가 변화에 잘 적응하고 있다고 생각한다. 이 경우 설사 자신에게 자극이 필요하다는 사실을 안다 해도 팀장은 스스로 그것을 극복할 수 있는 해결책을 제시하기 어렵다. 중이 제 머리를 못 깎는 것처럼 자신의 매너리즘을 스스로 극복하기란 쉬운 일이 아니기 때문이다. 결국 외부에서 오는 자극을 제대로 관리해야 할 필요가 있다는 이야기다. 이와 같이 자극을 제대로 관리하지 못하는 사람이 오히려 자기 자신도 제대로 관리하지 못하면서 세상과 다른 사람까지 모두 관리하려 든다는 것은 더 큰 문제가 될 수 있다.

꿈을 잃으면 마음을 관리할 수 없다. 거기에 남은 건 비참한 현실과의 싸움뿐이다. 자극관리야말로 잠들어 있는 내 영혼과 육체를 깨울 수 있는 가장 훌륭한 도구다. 변화 의지를 자극하는 것, 이것이 지금 우리에게 주어진 과제다.

자극의 순간들

의욕상실은 대부분 두려움에서 시작된다. 실패에 대한 두려움, 자신의 진짜 모습을 알게 되는 두려움, 상실에 대한 두려움, 궁핍에 대한 두려움… 등등. 이런 두려움들이 우리를 지배하는 한, 우리는 절대 자유로울 수 없다.

두려움이 우리를 지배하게 되면 우리가 두려워했던 상황이 두려워지는 것이 아니라 두려움 자체가 두려워진다. 즉 실패가 두려운 것이 아니라 두려움 자체가 두려워 아무것도 하지 못하게 되는 것이다.

결국 두려움을 두려워하는 자신이 두려워질 것이다.

무엇을 배울 것인가?
어떻게 배울 것인가?

산업사회는 노예 노동의 종말을 이끌었다.
접속의 시대는 대량 임금 노동을 끝낼 것이다.
대량 임금 노동이 끝나가는 지금, 지식사회에서 학습은 노동이자 놀이다.

요즘 같은 지식사회를 살아가고 있는 사람들을 위한 자극관리는 예전의 그것과는 좀 달라야 한다. 과거에 우리가 갖추어야 했던 덕목은 인내심에 관한 것이 대부분이었다.

홀륭한 기술자가 되기 위해서는 도제훈련을 통해서 끊임없이 스승이 가르친 바를 연습해야 했고, 시간과 노력을 투입해서 필요한 기술들을 연마해야 했다. 산업사회에서는 오랜 현장 경험과 자격증 취득이 그의 지위를 결정했기 때문에, 기술자들은 필수적인 교육과정을 수료한 후 해당 직종의 현장에서 일정 기간 동안 기술을 익히

미치도록 나를 바꾸고 싶을 때

고 자격증도 획득했다. 자격증은 자기보다 경험도 많고 실력도 뛰어난 선임 기술자에게 받은 확인증이나 마찬가지였다. 자격증을 취득함으로써 그는 업계에 입지를 굳히고 자기 자리를 차지하게 되는데, 그러한 일련의 과정에는 인내심이 필수였다.

지식사회의 자극관리에도 인내심에 관한 것이 빠질 수는 없을 것이다. 지식사회라고 해서 노력하지 않아도 된다는 보장은 없으니까 말이다. 그러나 현대 사회를 굳이 '지식사회'라고 부르는 이유를 생각한다면 인내심 하나만으로는 부족한 것 같다. 지식사회에서는 학습의 결과로 지식을 얻고 그것을 잘 활용할 수 있는 능력을 갖추는 것이 필수적인데, '학습하고자 하는 욕구' 또한 특정한 자극의 결과다. 결국 인내심만 발휘하면 되었던 시대는 가고 거기에 지식을 습득하고 관리할 수 있는 능력도 추가로 필요하니, 그것이 가능해질 수 있도록 스스로 시스템을 갖추어야 한다는 것이다. 지식사회에서 학습은 노동이자 놀이다.

산업사회가 숙련공의 시대였다면 지식사회는 '학습인'의 시대다. '학습인'이란 학습을 통해서 자신을 만들어가고 그것을 통해 사회적인 가치를 생산해내는 사람을 말한다. 그들에게는 학습이 곧 변화이고 변화가 곧 배움의 과정이다.

불행인지 다행인지 이미 우리는 지나치게 많은 지식과 정보에 파묻혀 살고 있다. 정보가 과도하게 많으니 무엇이 중요한지 구분해내는 능력도 중요해졌다. 때문에 무엇보다 자신을 바꾸기 위해 배

1부 삶이라는 지렛대 위에서 기우뚱거리는 나

우는 사람들은 자신에게 필요한 부분이 무엇인지 알아보는 눈을 가져야 한다. 지식을 발견하거나 창조하기 위해서는 주변의 정보들을 습득하고 관리할 수 있어야 하며, 그것을 가공하거나 재구성하고 공유함으로써 자기만의 지식으로 만드는 능력이 필수적이다. 이런 과정을 통해서 이전의 정보는 완전히 다른 지식으로 재창조될 수 있기 때문이다. 그래서 정보분석, 계량화, 프레젠테이션 능력이 중요해진 것이다. 정보라는 것은 계량화되지 않으면 관리할 수 없다. 그 양이 너무나 많기 때문이기도 하고 계량화되지 못한 정보는 설득력이 떨어지기 진다.

제러미 리프킨Jeremy Rifkin은 그의 유명한 저서 《노동의 종말The end of work》의 서문에서 이렇게 밝히고 있다.

"다가올 시기에는 전혀 새로운 종류의 제품과 서비스가 나타날 것이며, 새로운 직업적 능력, 특히 보다 정교화된 지식 분야의 능력이 요구될 것이다. 그러나 이러한 새로운 노동 부문은 엘리트 지향적이고 그 수에 있어서도 제한적이다. 우리는 수천 명의 노동자들이 회사 정문과 서비스센터에서 쏟아져 나오는 20세기의 일상적인 장면을 결코 다시는 보지 못하게 될 것이다."

그의 말은 이 시대를 살아가는 학습인들에게 중요한 위기의식의 단초를 제공해준다. 기계와 기술이 인간의 노동을 대체한다면 도대체 '우리는 무엇으로 우리 자신을 증명할 수 있을 것인가?' 하는 질문 말이다. 따라서 '무엇을 배울 것인가?' 라는 질문에 대답할 수 있어야만 지식사회에 걸맞은 기본 소양을 갖추었다고 할 수 있다. 무엇을 배울 것인가를 제대로 알지 못하면 내 앞에 놓인 모든 것에 기가 눌리고 말 것이다. 내가 가진 기술이나 지식을 대체할 수 있는 값싼 기계가 등장할 수도 있다는 사실이 두렵지 않은가? 그래서 '무엇을 배울 것인가' 라는 질문을 가볍게 흘려버려서는 안 된다. 다시 한번 진지하게 생각해보자.

'지식이 넘쳐나는 사회에서 모든 것을 다 배워야 한다는 중압감을 어떻게 극복할 것인가?' 하는 점도 새롭게 대두되는 문제의식이다. 그런 의미에서 자신에게 필요한 것만을 선별해서 학습할 수 있는 용기도 필요하다. '학습은 양이 아니라 질' 이라는 사실을 잊지 말고 지식을 보는 눈을 키워나가야 한다.

'무엇을 배울 것인가' 를 확인한 사람들에게는 '어떻게 배울 것인가?' 라는 질문이 자연스럽게 따라온다. 현명한 학습인들은 어떻게 하면 경험을 통해 쉽고 자연스럽게 배울 수 있는지 잘 안다. 그들에게는 일상의 자극이 모두 학습의 기회이기 때문에 무수한 성공과 실패의 사례들을 자기만의 지식으로 만들어낸다. 물론 자극관리를 하지 않는 사람들은 일상에서 만나는 성공과 실패에 도대체 무슨 의미가 담겨져 있는지에 대해 전혀 모르거나 무감각하게 받아들인다.

또한 어떻게 배울 것인지를 결정하고 학습하려면 새로운 가치를 창출하는 경험을 쌓아가는 것이 중요하다. 여기서 핵심은 새로운 가치를 만들어내기 위해 자신의 전문분야 외에 다른 분야도 접촉하거나 결합해야 할 필요가 있다는 점이다. 자신의 전공에 관해서는 따라올 자가 없을 정도로 박식한데 그 외의 다른 분야에 대해서는 완전히 문외한인 사람도 의외로 많다. 하지만 그렇게 자기 분야에만 코를 박고 있다 보면 시너지 효과를 얻기 힘들다.

개그맨이 가수 뺨치게 노래를 잘한다면 개그에 노래를 접목시킬 수 있다. 이것은 기존의 다른 개그맨들에게는 없는 새로운 가능성임에 분명하다. 마케팅 전문가가 과거에 시인 지망생이었다면 마케팅 제안서에 훌륭한 시 구절을 삽입할 수도 있을 것이고, 말단직원일 때 고객상담을 많이 해보았던 상사라면 고객을 상대하는 직원들의 고충과 마음상태를 누구보다 잘 알기 때문에 효과적인 리더십을 발휘할 수 있다.

열린 마음과 컨버전스의 힘 ••

예전에 같은 지역에서 비슷한 일을 하고 있는 강사들과 몇 차례 모임을 가진 적이 있었다. 그 모임에서 한 가지 재미있는 사실을 발견했다. 그들과 만나면 마음도 잘 맞고 편안하긴 한데 모임이 거듭될수록 발전적인 대화가 점점 사라져간다는 것이었다. 같은 분야에서 비슷한 일을 하고 있으니 업무 노하우를 100% 공개하기 어렵다는 점도 이유라면 이유겠지만, 같은 영역에 속해 있다는 한계 때문에 더 이상의 발전적인 논의라든지 비즈니스가 이루어지기 어려웠던 것 같다.

창의적이고 생산적인 비즈니스는 마케팅 담당자가 자재부서 직원을 만났을 때, 교육 담당 직원이 심리학 전공자를 만났을 때, VIP 고객관리 팀장이 주차 관리 요원을 만났을 때처럼 기대하지 못했던 분야의 사람들이 만나 공통된 부분에서 서로를 확인할 때 더 활발하게 이루어진다. 그래서 자신의 분야를 넘어설 필요가 있다는 것이다.

이처럼 내가 속한 분야가 아닌 다른 계통 사람들을 만났을 때 그들로부터 주어지는 자극들을 잘 점검하고 확인하다 보면 어떤 부분에 집중해야 할지 눈에 보이는 경우가 많다. 눈과 귀와 마음이 열려 있는 사람들이 유리한 것은 이 때문이다. 열린 사람들은 자신에게 들어오는 다양한 자극들을 흡수할 입력 채널을 여러 개 가지고 있다. 신문, 잡지, 인터넷, 책, 고객과의 만남 등을 자기 주관에 따라 필터링해서 모두 흡수하기 때문에 그만큼 기회가 많다.

마지막으로 지식사회의 자극관리를 위해서는 타이밍이 중요하다. 언제 버리고 언제 취할 것인가를 잘 구별해서 사용한 지식과 정보를 적당한 때 폐기하거나 이관해야 한다는 말이다. 우리는 지식이 급속도로 고철화 되는 사회를 살고 있다. 소위 '얼리어답터' 라고 불리는 사람들이 무언가를 새롭게 소비하기 시작하면 그것이 금세 대중에게 퍼지게 된다. 빛의 속도로 정보가 오가는 시대이니 대중에게 확산되는 데 필요한 시간은 점점 더 짧아지고 있다. 그래서 그런지 한 번 사용한 방법을 다시 사용하면 사람들은 금방 식상해하며 흥미를 잃어버린다.

버리고 치워야 새로운 것을 담을 수 있고, 새 것을 담도록 자신을 자극할 때 우리는 또 다른 가치를 창조할 수 있다. 익숙한 것, 보편적인 것만 좇다가는 차별화가 주는 커다란 이익을 놓치고 만다. 요약하자면 지식사회를 사는 우리들에게 학습은 노동이자 놀이다. 그래서 우리는 무엇을 어떻게 학습할 것인가에 대한 자극을 꾸준히 관리할 수 있어야만 한다.

자극의 순간들

《귀전록耕田錄》에 강숙이라는 사람의 이야기가 있다. 강숙은 둘째가라면 서러운 명사수였다. 당대에 활쏘기로는 그를 이길 사람이 없었고 그도 그런 자신을 자랑스러워했다. 하루는 그가 활을 쏘고 있는데 기름장수 노인이 지나가면서 그의 활솜씨를 지켜보았다. 그런데 화살이 과녁 중앙에 정확하게 꽂히는 것을 보면서도 기름장수 노인은 고개만 끄덕일 뿐 그다지 놀라거나 감탄하는 눈치가 없었다. 의아하게 생각한 강숙이 그에게 "내 솜씨가 어떠하오?" 하고 물었다.

뜻밖에도 노인은 "별 것 아니군요. 그저 활에 익숙한 정도의 솜씨입니다."라고 대답했다. 화가 난 강숙은 "그대는 어찌 내 활솜씨를 얕보는 것이오?"라고 물었는데, 노인은 "내 기름 따르는 기술로 미루어 짐작할 수 있다오."라고 말했다. 그러고는 호

미치도록 나를 바꾸고 싶을 때

리병을 꺼내어 바닥에 놓고는 병의 입구를 엽전으로 막는 것이었다. 곧 기름통을 열고 국자로 기름을 떠서 호리병에 붓는데 기름이 엽전 구멍을 통해서 호리병으로 들어가면서도 엽전에는 한 방울도 묻지 않는 것이었다.

그가 말했다. "이 기술도 별것 아닙니다. 한평생 기름장사를 하다 보니 손에 익숙해진 것뿐이지요. 당신의 활솜씨도 이와 같습니다. 평생 활을 쏘았다면 그 정도는 돼야 할 것이 아닙니까."

이 말을 들을 강숙은 크게 반성했다고 한다.

깨어 있는
사람들의 비밀

왜 읽어야 하는지 이유도 모르고 책을 읽는 경우를 우리는
'시간을 때운다'고 한다. 마찬가지로 왜 학습하는지 '나만의 특별한 이유'가 없다면
학습의 의미가 사라진다.

독서기법에 관한 강의을 마치고 난 후 교육생 한 명이 다가와서 이
런 질문을 했다.

"왜 책을 읽어야 하는지 모르겠습니다. 책을 읽어도 잊어버리기
만 하고 노력한 만큼 얻는 것도 없는 것 같습니다. 읽은 것을 잊어버
리지 않을 수 있는 특별한 방법은 없나요?"

그때 이런 대답을 했다.

"대부분의 사람들은 책 속에 담긴 지식과 지혜를 얻기 위해서 책
을 읽는다고 생각합니다. 책을 읽으면 무언가를 얻어야 한다고 생

각하기 때문에 반드시 무언가를 기억해야 한다는 강박관념을 갖게 됩니다.

하지만 사실은 그렇지가 않습니다. 책 속의 지식보다 더 중요한 것은 바로 '책을 읽는다는 것' 그것 자체입니다. 책을 읽는 사람은 항상 깨어 있을 수 있거든요. 깨어 있는 사람은 늘 자신이 원하는 바를 주도적으로 선택하기 때문에 인생이 즐겁습니다."

많은 사람들이 책을 읽는다. 지금 여러분도 책을 읽고 있다. 그리고 책에서 자신에게 필요한 지식을 얻으려고 노력한다. 그러나 정작 왜 책을 읽고 학습을 해야 하는지에 대해서는 모르고 있는 경우가 많다. 단순히 새로운 지식을 얻어야 하기 때문이라고 말할 것이 아니라, 자신을 삶의 주인공으로 이끌 만한 자기만의 이유가 있어야 한다는 것이다. 자기만의 특별한 이유가 있는 사람들은 눈빛부터 다르다. 여러분은 왜 책을 읽어야 하는지, 왜 학습해야 하는지 알고 있는가? 자기만의 이유가 있는가?

나는 왜 책을 읽느냐는 질문을 받으면 "깨어 있기 위해서…"라고 대답한다. 이것이 내가 책을 읽는 대표적인 이유다. 깨어 있는 사람은 늘 순간의 의미를 깨치게 되고 그것을 통해 변화의 의지를 획득한다. 의지를 가진 사람은 주도적으로 스스로를 만들어간다. 니체가 책상 앞에 앉아 수없이 많은 노트에 글을 적어 내려갔던 것도, 베토벤이 온종일 숲 속을 걸었던 것도, 칸트가 매일 같은 길을 산책하며 사색에 잠겼던 것도 모두 깨어 있기 위해서였다. 방법은 달랐지만 깨어 있으려는 마음은 같은 것이었다. 평생 책을 사랑했던 영국의 작가 사무엘 드류Samuel Drew는 젊은 시절에 자신이 가졌던 학습의 욕구와 의미를 이렇게 말하고 있다.

"독서를 하면 할수록 내가 무식하다는 것을 절실히 느낄 수 있었다. 무식하다는 느낌이 강해질수록 그것을 극복하려는 열정이 솟구쳤다. 그래서 잠시라도 틈만 나면 이 책 저 책을 가리지 않고 독서에 몰두했다. 육체노동으로 생계를 꾸려나가야 했기 때문에 책을 읽을 시간이 거의 없었지만 그런 불리한 조건을 극복하기 위해서 식탁 위에도 책을 놓고 식사를 하면서 대여섯 페이지씩 읽었다."

학습하는 사람은 늘 깨어 있으려고 노력한다. 깨어 있는 사람에게는 의지가 생기고, 의지를 가진 사람이 세상을 주도하는 것은 예나 지금이나 변함없다. 변화를 만들어가는 사람은 주도적인 사람이고 변화에 적응하거나 따라가는 사람은 순응적인 사람들이다. 주도하는 것은 처음엔 힘이 들지만 나중에는 쉽다. 반대로 따라가는 것은 처음엔 쉬워 보이지만 갈수록 힘들고 결말도 좋지 않다. 그리고 결정적으로 재미가 없다. 학습은 중독에 가까워서 한번이라도 그 재미를 느껴본 사람들은 오랫동안 잊지 못하는 경향이 있다. 그래서 책 중독자가 생기고 교육 중독자가 생기고 사람에 대한 맹목적

미치도록 나를 바꾸고 싶을 때

인 추종자가 생기는 것이다. 그들은 중독을 통해서 생기를 찾고 자신을 유지하기 때문에 그 에너지 공급원을 끊지 않는다.

미래 예측해보기 ●●

우리가 학습을 통해 미래를 예측해보는 것은 그 예측을 통해 우리가 깨달을 수 있는 자극을 얻을 수 있기 때문에 가치가 있다. 그리고 그렇게 미래를 예측해보려는 노력을 통해 실제로는 미래를 만들어가게 된다. '미래 트렌드가 이러이러하니까 현재 상황은 이런 방향으로 갈 것입니다.' 하고 제안하고 실천하는 사람은 실제로 미래를 그렇게 만들어버리는 사람인 것이다. 빌 게이츠는 미래를 통찰하는 힘에 대해 이렇게 말했다.

"미래를 내다보지 못하는 사람은 눈앞에 보이는 것 외에는 손에 넣지 못합니다. 하지만 그 반대의 경우라면 세상을 모두 가질 수 있습니다. 미래를 예측하는 능력은 그 사람의 직업과는 무관한 것입니다. 트럭 운전사부터 은행직원, 대학총장, 농민, 샐러리맨까지, 모든 사람이 이런 능력을 가질 수 있습니다. 세상에서 가장 가난한 사람은 돈이 없거나 배우지 못한 사람이 아니라 미래를 내다보지 못하는 사람인 것입니다. 설사 지금 당신이 모든 것을 가지고 있다고 해도 미래에 대한 통찰력이 없다면 내일 당장 모든 것을 잃게 될 것입니다. 우리 주변에는 이런 사람들이 너무나 많습니다."

아는 것이 행복, 알아야 면장도 한다 ● ●

요즘 우리 사회에서 지식의 용도는 예전의 그것과는 사뭇 다르다. 지식은 세상을 알기 위한 수단이 아니고 자신을 새롭게 만드는 수단이 되었다. 지식을 통해서 세상을 이해하려 했다가는 오히려 허영과 가식만 보게 될지도 모른다. 지식으로 자신을 새롭게 만들고자 한다면, 깨어 있도록 다그치는 수단으로 지식을 사용함과 동시에 스스로의 태도를 바꾸는 데 사용할 수 있다.

"아주 현명한 사람은 우둔한 사람같이 보인다."는 말이 있다. 큰 도를 얻은 사람들은 자신을 내세우거나 자랑하려 하지 않아서 어떤 상황에서도 겸손하게 행동할 줄 안다는 뜻이다. 그리고 세상의 흐름을 제대로 이해하기 때문에 말과 행동이 지극히 자연스럽다. 어디서든 행동이 재빠르고 눈치가 빠삭한 현대인들에게는 오히려 그런 점이 우둔하게 보일 것이다. 그래서 '깨닫기 전과 깨달은 후는 같다'고 말했는지도 모른다.

하지만 이 말의 의미를 지식으로 받아들이고 세상을 해석하려 한다면 별 효용이 없다. '그래서 어쩌자는 말인데?'라는 반론이 튀어나올 뿐이다. 그러나 이 말을 자신에게 적용시켜 자신을 새롭게 만

미치도록 나를 바꾸고 싶을 때

드는 용도로 사용한다면 결과는 달라진다. 좀 안다고 기고만장했던 자신을 반성하게 될 것이고 더욱 현명한 사람이 되기 위해 자신의 태도를 고치겠노라고 다짐할 것이다. 이것이 진정한 학습이다. 말한 마디와 글 한 줄로 자신을 깨어 있게 만드는 것, 현재의 태도를 개선하기 위해 지금 당장 할 수 있는 일을 실천하도록 자극하는 것이다. 그 자극을 위해 오늘도 우리는 글을 읽고 이야기를 들으며 좋은 경험을 만들어간다. 헬렌 켈러는 이런 말을 했다.

"아는 것이 힘이다. 아니 아는 것이야말로 행복이다. 폭넓고 깊이 있는 지식을 소유함으로써 무엇이 참된 목적이며 어떤 것이 보다 가치 있는 것인지 분별할 수 있기 때문이다. 그러므로 인류의 진보를 특징짓는 사상이나 행동양식을 안다는 것은 수세기를 관통해온 위대한 인간의 심장고동을 느끼는 것이다. 만약 이러한 심장박동 속에서 하늘을 향해 솟구치는 열정을 느끼지 못한다면 삶의 조화, 그 가락을 들을 귀가 멀었음에 틀림없다."

자극의 순간들

영원한 성공의 룰rule은 없습니다. '성실함' 이라는 말 속에는 누가 알아주든지 말든지 자신의 인생, 자신이 하는 일에 대해 진정으로 최선을 다하는 자세가 밑바탕에 깔려 있습니다. 깊은 곳에서부터 우러나오는 '최선을 다하는 자세' 가 없다면 그것은 성실한 '척' 만 하는 것입니다.

"나는 책 읽는 게 전혀 재미있지가 않아요. 왜 그럴까요?"

이런 질문을 던지는 사람들에게 나는 광고계의 전설적 인물인 브루스 바튼Bruce Barton의 이야기를 들려주곤 한다.

바튼이 대학에서 강연을 하는데 하루는 이런 질문을 받게 되었다.

"교수님, 교수님은 주로 어디에서 아이디어를 얻으십니까?"

그는 이렇게 대답했다.

"아침 식탁에 앉아 있는 모습을 상상해보게. 나는 커피를 마시고 있고, 탁자 건너편에 앉은 아내는 마룻바닥을 보고 있다네. 그러면서 아내가 말하지. '여보, 식탁깔개를 새로 장만해야겠어요. 이 깔개는 너무 낡았어요.' 그 순간 내 머릿속에는 아이디어가 번쩍 떠오른다네."

이 말이 무슨 뜻일까? 일상에서 일어나는 사소한 대화 한 토막도 아이디어로 연결된다는 말이다. 즉 그것을 절실히 갈구하고 원하는 사람에게는 세상 모든 것이 아이디어의 원천이니 스스로의 마음속에 절실히 갈구하는 욕구를 품어야 한다는 뜻이다. 필요는 곧 발명의 어머니가 아닌가. 책을 읽는 사람도 마찬가지다. 읽고자 하는 욕구가 없다면 아무리 훌륭한 책인들 결국은 무용지물 아닐까?

YES를 쥐고 가는 나,
NO를 쥐고 가는 나

자극을 제대로 관리할 수 있는 사람은
환경적인 제약조건들을 더욱 슬기롭게 이용할 수 있다.
현재 자신이 가진 한계를 극복할 수 있는
자신만의 독특한 노하우를 차곡차곡 모아서 축적하는 것,
이것이 바로 성취냐 좌절이냐를 결정하는 중요한 요소다.

소소한 자극과 반응이 모여 '태도'가 된다

태도가 곧 성취다.

_스튜어트 에이버리 골드

직장 선배와 함께 지방에 출장을 갔다가 돌아오는 길이었다. 저녁 약속이 있었기 때문에 회사에 빨리 들어갔다가 곧장 모임장소로 가야 했다. 금요일 오후여서 차가 막힐 것까지 감안하고 고속도로가 아닌 국도를 선택하기로 했다. 하지만 교통체증이라는 게 피하고 싶다고 피할 수 있는 것은 아니지 않은가? 국도가 예상 외로 많이 밀려서 100m를 가는 데 10분도 넘게 걸리는 듯했다. 나는 점점 화가 나기 시작했다.

"도대체 도로공사는 뭘 하는지 모르겠어요. 이렇게 상습적으로 정체되는 구간이 있는데도 문제를 해결하지 않고, 내버려둔 채 방관만 하다니…."

"자네답지 않게 왜 그리 조급하게 구나? 도로야 막히는 날도 있고 뚫리는 날도 있고 그런 거지."

"저녁약속 때문에 마음이 급해서 그래요."

"그렇다고 해도 지금은 달리 뾰쪽한 수가 있는 것도 아니지 않나. 목적지로 가는 과정을 즐기자고. 인생도 그렇잖아. 목적을 향해서 열심히 달려가지만 사실은 그 목적을 달성한 후에 즐기는 시간보다도 그것을 달성하는 과정이 훨씬 길지. 게다가 목적을 달성했다 싶을 때는 또 다른 목적이 생기고 말이야. 과정을 즐기는 게 인생을 풍요롭게 사는 핵심이야. 그리고 지금 우리에게 주어진 문제의 원인을 외부에서 찾는 한 개선될 여지가 없지 않나!"

"이야, 우리 선배님이 아주 도통하셨네! 그런데 그런 심오한 진리는 어디서 배우셨어요?"

"이 사람아, 이건 자네 책에서 읽은 거야."

"…."

급할수록 돌아가라는 말이 있지만 막상 닥치면 말처럼 쉽지가 않다. 조급해지면 인생의 큰 원칙보다는 순간적인 본능이 먼저 튀어나와버리기 때문이다. 길이 막히는 상황에서 대부분의 사람들은 그 길을 만든 사람이나 정체의 원인을 제공한 사람을 비난하곤 한다.

궁극적인 인생의 목적은 행복하고 보람 있게 사는 것이라고 말하지만 다급한 상황이라는 커다란 스트레스 요인 앞에서 우리는 균형 잡힌 시각을 잃어버린다. 결국 자기가 선택해놓고서 남의 탓만 하게 된다. 물론 이성적으로야 이런 불평, 불만, 비난이 자신에게 그리고 지금 닥친 문제를 해결하는 데 전혀 도움이 되지 않는다는 사실을 아주 잘 알고 있다. 하지만 갑작스럽게 강력한 자극이 일상에 침투하면 당황하며 눈이 멀어버린다. 이것이 우리의 일상이다.

꽉 막힌 길 위에서 벌어진 에피소드 하나가 일상의 틈바구니에 끼어 있던 나를 빠져나오게 해주었다. 사소한 자극에 경도되지 않고 더 큰 원칙에 따라 행동하도록 만드는 계기가 된 것이다. 이처럼 일상은 크고 작은 자극의 연속이고, 자극은 나를 눈멀게 하기도 혹은 다시 눈뜨게 하기도 한다.

평소 인간적으로 존경해왔던 상사와 통화를 하다가 내 고민에 대해 이야기하게 되었다. 내가 어느 쪽을 선택하는 것이 좋을지를 고민하고 있다고 말하자 그는 이런 말을 했다.

"마음에 드는 연극을 한 편 보는 거야. 재미가 있고 없고를 따지지 말고 그냥 봐. 극의 줄거리나 내용보다는 배우들의 행동과 관객들의 모습에 집중해서 보는 거야. 곧 연극이 끝나겠지. 그러면 웃고 즐기던 사람들은 떠나고 배우들과 스텝들도 떠나고 텅 빈 객석에 혼자 남겨지게 돼. 그때 '내가 지금 어떤 선택을 해야 하지?' 라는 질문을 자신에게 던져보는 거야."

흔히들 인생을 연극이라고 한다. 관객들이 자신을 어떻게 보아줄까 고민하면서 연기하고 있는 배우들처럼 우리는 모두 그렇게 살고 있다는 의미일 것이다. 그리고 무대 위에서의 짧고도 강렬한 시간을 준비하기 위해 나머지 시간은 외롭게 흘러간다.

혼신의 힘을 다해서 연기하는 배우, 그리고 그런 배우들의 연기에 대리만족을 경험하는 관객들을 보면서 우리는 생각한다. '나는 인생이라는 무대에서 어떤 모습으로 서 있어야 하는가?' 그러면서 보다 객관적이고 넓은 시각으로 현재 자신에게 주어진 문제를 바라보게 된다. 선동적인 신문기사라든지 주위 사람들의 즉흥적이고 무책임한 조언, 자신의 일시적인 기분이나 감정에 좌우되지 않는 큰 마음으로 문제의 본질을 지그시 깨물어보고 음미하면서 삶의 가치를 다시 확인한다.

이런 시간은 우리에게 매우 중요하다. 인생의 목적이라든가 의미 같은 전체적이고 거시적인 것을 조망하는 안목 없이 지금 당장 주어진 소소한 문제들을 해결하는 데만 급급해서 살다 보면, 자칫 순간적인 도취로 미숙한 결과를 초래할 수 있기 때문이다.

무척 재미있게 읽었던 메트 노가드Mette Norgard의 《미운 오리새끼의 출근 The Ugly Duckling Goes to Work》에 이런 일화가 나온다.

"우리가 수행하는 역할은 종종 혼돈을 야기할 뿐 아니라 때로는 자아를 완전히 장악해 정체성의 일부가 되기도 한다. 모 기업의 인력개발 담당 부사장으로 재직중인 내 친구가 다른 기업의 부사장과 나눈 대화를 들려준 적이 있다. 그 부사장은 전에 다니던 회사를 그만두고 '일시적인 실업상태에 있을 때 당한 수모라면서 이렇게 토로했다. '전에는 꼬박꼬박 날아오던 행사 초대장들이 글쎄, 딱 끊어지는 거예요. 사람들이 그럴 수가 있습니까?' 그래서 몹시 마음이 상했다는 한탄이었다. 솔직한 성격의 내 친구는 이렇게 답했다. '마음 상할 게 뭐 있나요? 그 사람들이 전부터 당신을 초대한 거라고 생각하세요? 그 사람들은 당신의 지위를 초대했던 거예요.' 내 친구는 자신의 깊은 본질, 즉 자신의 정체성과 자신의 직위나 자신의 역할을 혼동하는 것만큼 어리석은 일도 없다는 것을 이미 알고 있었던 것이다."

연극이 끝난 후 객석에 혼자 앉아서 고민에 빠져보는 것은 지금까지와는 다른 넓고 깊은 시각을 가질 수 있는 기회를 준다. 때문에 나는 지금도 그 상사의 조언을 잊을 수가 없다. 그 분의 말은 커다란 자극이 되어 허우적대던 나를 건져주었기 때문이다.

매 순간 균형 잡힌 시각을 잃지 않고 모든 일을 장기적으로 바라볼 수는 없다. 그러나 노력은 할 수는 있다. 그런 노력은 인생을 보람차고 가치 있게 살 수 있는 태도를 만들어준다. 넘어지지 않으면 자전거 타기를 배울 수 없듯이 노력하지 않으면 의미를 얻을 수 없다. 결국 소소한 일상의 자극관리가 인생의 태도를 만드는 핵심이다. 우리는 삶에 대한 우리 스스로의 태도를 통해 자신을 인지하며, 자신이 갖춘 태도만큼 성숙해가는 것이다.

자극의 순간들

프랑스의 철학자 알랭은 우리가 왜 일상적인 감정을 관리하고 통제해야 하는지에 대해서 다음과 같이 이야기했다.

"일상생활에서 가장 조심해야 할 것은 사소한 감정에 관한 것이다. 사람들은 흔히 큰 불행에 대해서는 쉽게 체념하지만 사소하고 기분 나쁜 일에 대해서는 감정을 억제하지 못한다.

그러나 우리가 마음의 준비를 해두어야 할 것은 큰 불행보다는 사소한 일이다. 기분 나쁜 일들은 하루에도 몇 번씩 부딪치는 것이며, 또 그 사소한 일들이 도화선이 되어 큰 불행으로 발전하는 일이 적지 않기 때문이다.

감정이란 그릇에 담긴 물처럼 기울이면 쏟아지는 것이니 늘 조심스럽게 다룰 필요가 있다. 일단 기울어지면 평화와 조화가 파괴된다는 것을 잊지 말고 평형을 잃은 순간의 감정을 억제해야 한다."

의미를 발견하면
태도가 달라진다

옛날 어느 나라의 왕이 이가 몽땅 빠지는 꿈을 꾸고는 불길한 생각에 해몽가를 불렀다. 해몽가는 왕의 이야기를 듣고는 이렇게 말했다.

"폐하, 그 꿈은 매우 불길한 꿈입니다. 이가 몽땅 빠지는 것은 폐하의 가족들이 폐하보다 먼저 세상을 떠나게 된다는 것입니다."

이 말을 듣고 화가 난 왕은 그 해몽가를 감옥에 가두고는 또 다른 해몽가를 불러서 똑같은 이야기를 들려주었다. 꿈 이야기를 들은 해몽가는 이렇게 말했다.

"폐하, 기뻐하셔도 좋을 듯합니다. 이 꿈은 매우 길한 징조입니다.

미치도록 나를 바꾸고 싶을 때

폐하께서 가족들 중에 가장 오래 사시게 될 것이라는 계시입니다."

왕은 매우 기뻐하며 이 해몽가에게 많은 상을 내렸다. 상을 받고 내려오는 해몽가를 조정의 중신들이 불러 세우고는 물었다.

"당신이 말한 해몽은 감옥에 갇힌 해몽가의 것과 똑같은 내용인데 어떻게 그는 벌을 받고 당신은 상을 받은 것이오?"

해몽가가 웃으며 말했다.

"물론 꿈 해몽은 같습니다. 같은 꿈으로 해몽이 다를 리 없지요. 단지 차이가 있다면 '무엇을 말하느냐'가 아니라 '어떻게 말하느냐'가 중요하다는 사실을 제가 알고 있다는 것뿐입니다."

사람들은 자극 자체를 거부하지는 않는다. 자극을 원하지만 그것이 부정적일 것 같다는 두려움 때문에 그것에 적극적으로 관심을 기울이거나 다가가지 못하는 것이다. 정확히 말하면 자극 자체를 거부하는 것이 아니라 부정적인 자극을 거부하는 것이다.

우리가 일상에서 접하는 다양한 경험들은 자극으로 이어진다. 위기의식과 경각심을 일깨워주는 자극도 있고, 변화의 필요성을 알려주는 자극도 있으며 자신감을 심어주는 자극도 있다. 자신의 강점과 약점을 알려주는 자극도 있고 시대의 흐름에 관심을 갖게 만드는 자극도 있고 업무에 좀더 창의적으로 접근하도록 만드는 자극도 있다.

이런 많은 자극들을 경험하다 보니 이미 우리의 머릿속에는 긍정적인 자극과 부정적인 자극을 예측하는 메커니즘이 정착했다. 예를 들어 '교육'이라는 말을 들으면 '지루함'이라는 단어가 자동적으로 머릿속에 떠오른다. 그리고 곧 부정적인 경험에 의한 회의적인 인식 때문에, 가능하면 피하고 싶다는 생각이 만들어진다. '월급날' 하면 무슨 생각이 드는가? 대부분은 기분이 좋아진다. 그러나 결재해야 할 카드값이 머리에 떠오르게 되면 좋았던 감정이 갑자기 사라지면서 별로 특별하지 않은 날이 되어버린다. 마찬가지로 '헤비메탈'이라는 말을 들으면 시끄럽다며 달갑지 않게 생각하는 사람들이 많고, '모터사이클'이라는 말은 '위험하다'는 의미로 이해되는 경향이 있다. 콜센터 상담원들은 '전화'라는 말을 듣고 화들짝 놀랄지도 모른다.

우리의 머릿속에 저장되어 있는 단어들은 특정한 관념들과 엮여서 부정적이든 긍정적이든 하나의 이미지를 형성하고 있다. 커피를 싫어하는 사람은 맛이 없었다거나 밤에 잠을 못 이룬 적이 있었거나 커피를 마신 후 애인과 헤어졌다거나 하는 경험들이 있었기 때문에 '커피'라는 단어에 좋지 않은 감정이 결합돼 있을 가능성이 높다.

최영미 시인은 "우리는 우리가 보고 들은 만큼만 꿈꿀 수 있다."고 말했다. 우리가 태어나서 보고 들은 그 모든 것이 곧 우리의 생각을 만들어내고 우리는 그 생각의 틀 속에서 살아가고 있다는 말이다. 그래서 소설책을 많이 보는 사람들은 감수성이 예민하고 다른 사람들의 생활을 상상하고 추측하기를 즐긴다. 마찬가지로 시집을 많이 읽는 사람들은 은유법에 익숙해서 상당히 수준 높은 언어를 구사하고 코믹한 명랑만화를 많이 본 사람들은 유머러스한 시각을 가지고 인생을 낙천적으로 바라본다. 경제경영 서적을 많이 읽은 사람들의 경우 될 대로 되라는 식으로 살아가는 사람들을 보면 '그렇게 살지 말라'고 충고하고 싶어진다. 이 모든 것은 각자가 읽고 봐온 것들에 의해 특정부분에 민감해졌기 때문이다.

이처럼 보고 들은 모든 것들로부터 자극을 받고, 그렇게 받아들여진 자극으로 정체성이 형성된다면, 그것을 주도적으로 이용할 수 있을 때 우리의 정체성도 주도적으로 만들 수 있다. 주도적인 정체성 확립을 위해서는 보고 듣는 것을 가장 먼저 통제해야 한다. 일상의 모든 부분은 아니지만 아마도 대부분의 경우는 무엇을 듣고 무엇을 볼 것인지 선택할 수 있다. 인터넷 포털 사이트를 열면 '35세에 무너지는 직장인', 혹은 '친절한 이웃, 알고 보니 도둑' 같은 자극적인 제목의 뉴스들을 발견할 수 있다. 이때 우리는 그것을 클릭하여 자세한 기사를 열어볼 것인지 아니면 다른 화면으로 넘어갈 것인지를 결정할 수 있다. 자녀가 폭력적인 만화를 보고 있을 때 그것을 저지할 것인지 그냥 둘 것인지도 선택할 수 있고, 동료가 해준 좋은 말을 귀담아듣고 마음에 새기려고 노력할 것인지 아니면 그냥 한 귀로 흘려버리고 말 것인지도 선택할 수 있다. 이 순간, 우리가 가진 선택의 힘을 사용해서 그것을 받아들일 것인지 아닌지를 주도적으로 결정하면 된다. 그뿐이다. 좋은 자극이라면 골라서 듣고 찾아서 보면 될 것이고 부정적인 자극이라면 가능한 한 보지 않고 듣지 않도록 우리 자신을 통제하면 된다.

의미를 발견하면 접근하는 태도가 달라진다 ••

물론 무엇을 듣느냐에 대한 결정권이 없는 경우도 있다. 아침 회의에 전 직원이 참석해서 '사장님 말씀'을 들어야 한다면 그것은 결정권이 없는 경우다. 이런 경우 듣는 것 자체에 대한 결정권은 없지만, 어차피 들어야 할 것이라면 그것을 어떻게 듣느냐는 결정할 수 있다. 그리고 우리가 가진 마음가짐에 따라 경험의 질이 달라진다. 쉽게 말하면 좋은 의도와 생각으로 듣고 보느냐 아니면 부정적인 선입관을 바짝 세우고 '또 설교야?'라는 식으로 듣느냐에 따라 그 자극의 효과가 달라진다는 말이다. 우리가 어떤 태도를 취하느냐에 따라 같은 자극도 긍정적으로, 혹은 부정적으로 다가온다.

한 가지 예를 더 들어보자. 아이들이 학교에 가야 하는 것은 선택의 여지가 거의 없는 일이다. 하지만 선택의 여지가 별로 없는 상황에서도 어떤 아이들은 학교 가는 것을 즐거워하고 공부도 재미있어한다. 그 반대인 아이들은 학교가 곧 지옥이다. 이것 역시 태도에 의해 좌우되는 문제다. 사실 대부분의 학생들이 공부하기를 싫어하지만, 다 알다시피 공부를 좋아하는 아이들도 분명 있지 않았던가. 학교 다닐 때를 생각해보면 분명 몇몇 친구들은 정말 공부를 좋아했다. 공부는 싫어했지만 친구들을 만나고 쉬는 시간에 떠들고 노는 것이 즐거워서 학교에 오는 아이도 있었다. 이유는 다르지만 어쨌든 학교에 대해 긍정적인 마인드가 형성되면 학교 가는 것이 그렇게 싫지만은 않다.

그런 의미에서 주어진 상황을 어떻게 생각하는지, 이미 발생한 일에 어떻게 대처하는지를 판단하는 일은 상당히 중요한 가치를 가진다. 물론 어떻게 보고 들을 것인가를 결정하고 자유자재로 태도를 바꾼다는 것은 쉬운 일이 아니다. 그러나 그것이 누구나 할 수 있는 간단한 일이라면 이 책도 읽을 필요가 없지 않겠는가. 쉬운 일은 아니지만 그런 능력을 갖기 위해서 연습하고 시도하는 사람, 훈련을 해서 조금씩 가까워지고 있는 사람은 분명히 삶을 재미있고 알차게 살아가고 있다. 여러분도 이미 이 책을 읽으면서 연습을 시작한 것이다.

만약 자신감도 없고 실패 경험만 잔뜩 누적된 사람이라면 어디서부터 어떻게 다시 시작해야 할까? 일단 '왜 보고 들어야 하는가?'라는 질문을 스스로에게 던져보자. 우리에게 닥쳐온 수많은 자극에 대해서 내가 이것을 왜 보고 듣고 느껴야 하는가에 대한 명확한 이유를 단 한 가지만이라도 가진다면 그것을 대하는 태도는 완전히 달라진다. 그것은 곧 의미에 관한 부분이기 때문이다. 의미를 발견하기 위해서는 '내가 이것을 왜 해야 하는가', '이것은 나에게 어떤 가치와 의미를 주는가'라는 질문에 답해보는 것이 효과적이다. 이유를 아는 사람과 모르는 사람은 접근의 태도와 방법이 다를 수밖에 없다.

회사의 비전 만들기에 매우 비관적인 사람이 있었다. CEO가 자기 잘난 맛에 만들어내는 허황된 구호라는 말을 할 정도였다. 그러

2부 YES를 쥐고 가는 나, NO를 쥐고 가는 나

던 그가 기획업무를 맡게 된 후로는 사람이 완전히 달라졌다. 자리를 옮긴 후 다른 회사들의 비전을 연구하고 비전에 관한 좋은 책들을 읽으면서 비전 전파자로 변신하게 된 것이었다. 자리가 사람을 만든다는 말이 있듯이 사람은 그가 속해 있는 곳이 어디이며 주어진 일이 무엇이냐에 따라서 생각의 체계도 달라진다. 자리가 바뀌니 시각이 달라지고, 시각이 달라지니 자연스럽게 새로운 의미도 발견하게 된다. 결국 의미를 발견하면 접근하는 태도가 바뀌고, 태도가 바뀌면 사람이 변한다.

요즘 우리나라 직장인들처럼 주어지는 자극들을 스스로 통제하거나 선택할 수 없는 입장이라면 그것을 어떻게 보고 어떻게 듣느냐에 관해서 고민해볼 필요가 있다. 게다가 그것을 왜 보고 듣느냐에 대해서 자발적인 의미를 발견할 수 있다면 그 자극은 훨씬 긍정적인 것으로 바뀔 것이다. 외부의 강요에 의한 것이 아니라 자신이 스스로 발견한 의미이므로 당연히 긍정적인 동기로 작용하기 때문이다.

자극의 순간들

소크라테스의 아내인 크산티페는 악처로 유명한 인물이다. 어느 날 친구가 소크라테스에게 "자네 부인이 저렇게 소리를 지르는 걸 시끄럽다고 생각하지 않나?"라고 묻자 소크라테스는 웃으며 이렇게 말했다.

미치도록 나를 바꾸고 싶을 때

"시끄러운 건 사실이야."

"그걸 알고도 결혼했나? 자네는 참 잘 참아내는군."

"말馬을 잘 다루는 사람은 일부러 거친 말을 고른다네. 그 거친 말을 다룰 수 있다면 다른 어떤 말도 쉽게 부릴 수 있으니까. 크산티페는 바로 그런 거친 말이라네. 그 여자를 참고 견딜 수 있다면 다른 어떤 사람도 참고 견딜 수 있지 않겠나?"

115

'긍정'을 선택하지 않으면 '부정'에 끌려다닌다

진실은 끔찍하고 거짓은 편안한가?
세상을 부정적으로 보는 이유는 자신에 대한 믿음이 약하기 때문이다.

주어진 환경을 큰 제약으로 생각하는 사람이 있는가 하면, 그냥 여러 가지 조건 중 하나일 뿐이라고 생각하는 사람도 있다. 이런 두 부류의 사람들은 어떻게 다를까? 환경을 제약으로 생각하는 전자의 경우는 자신의 현재 상황을 비관하거나 제약적인 환경에 대해 분노할 때가 많다. 반면 주어진 조건 중 하나라고 생각하는 후자는 주어진 현 상황에 대해 분노하거나 거부하기보다는 극복해야 할 대상이라든지 길에서 만난 작은 돌부리라고 생각한다. 이런 근본적인 생각의 차이는 결과적으로 전자와 후자 사이에 건널 수 없는 강을 만들어낸다.

미치도록 나를 바꾸고 싶을 때

예전에 같은 부서에서 근무했던 한 동료직원을 만났다. 직장 상사들에 관한 이야기가 나오자마자 그는 불만을 쏟아냈다.

"우리 팀장은 회의를 지나치게 길게 하는 경향이 있어. 나와는 아무 상관도 없는 이야기를 2시간이고 3시간이고 질질 끄니, 이거 원, 일을 하자는 건지 말자는 건지…. 회의만 하다가 하루가 다 간다니까. 한마디로 리더십이 없는 사람이야."

"그것 말고 다른 불만은 없어?"

"왜 없겠어? 그 사람 하는 일은 대부분이 쓸데없는 일이야. 리더로서의 자질도 없고 인간적인 매력도 없는 그런 사람 있잖아, 왜."

그는 스스럼없이 상사 흉을 보면서 나에게 동의를 구하기까지 했다. 한마디로 주어진 제약조건을 지나치게 부정적으로 인식하고 있었다. 상사 없는 조직이 어디 있겠는가? 그리고 세상에 나와 똑같은 생각과 사상, 취향을 가진 마음 맞는 상사가 몇이나 될까? 거의 없다고 봐야 한다. 직장인들에게 '상사'의 존재는 변화하는 여러 가지 환경조건 중 하나일 뿐이다. 그것이 우리의 생각과 태도를 좌지우지하게 내버려둔다는 것은 현명한 태도가 아니다. 분명 상사가 불합리할 수도 있다. 하지만 그런 부정적인 자극들에 일일이 반응하여 나의 건강한 감정과 태도에 상처를 낼 필요는 전혀 없다.

이렇게 주위의 환경이나 자극들에 대해서 부정적으로만 받아들이고 접근하는 사람들에게는 공통점이 있다. 세 가지 공통점 중 나는 어떤 것이 해당되는지 살펴보도록 하자.

첫째, 그들은 자극을 받아들일 때 이분법적으로 생각한다. 그들은 습관적으로 '긍정적인 요소는 일시적·부분적인 것'으로 해석하고, '부정적인 요소는 영구적·전체적인 것'으로 바라본다. 상대방이 가진 부정적인 한 단면을 보고는 그것이 마치 그 사람의 전부라도 되는 듯이 생각한다. 앞에서 말했던 동료는 자기 팀장이 회의를 길게 하고 말이 많다는 이유로 그를 '나쁜 상사'로 규정해버렸다. 그리고 그 나쁜 상사의 이미지는 결코 변하지 않는 것, 영원한 것으로 머릿속에 각인시켰다.

부정적인 면에 대해서만 민감하게 반응하는 습관을 갖게 되면, 설사 긍정적인 점이 보이더라도 그것은 일시적이고 부분적인 것일 뿐이라고 생각하고 본질을 보지 않는다. 심지어 긍정적인 면마저도 무언가 꿍꿍이속이 있기 때문에 일부러 꾸며서 하는 행동이라고 규정한다. 이런 식의 접근으로는 그 어떤 사람과의 관계에서도 바람직한 돌파구를 찾아낼 수 없다. 진실은 왜곡되고 오해가 싹트니 끝내 두 사람의 관계는 파행으로 치닫게 된다.

둘째, 이들은 규칙과 원칙에 지나치게 얽매여 있다. 자신이 스스로 정해놓은 원칙에서 조금만 벗어나도 '그것은 틀린 것'이라고 생각한다. 회의는 짧게 핵심만 전달하는 것이 중요하다는 인식이 머릿속에 박힌 후에는 회의나 토론을 길게 하는 사람을 보고 무조건 '경영의 원리도 모른다'고 비난하게 된다. 학교 다닐 때 정답을 꼭 하나만 골라야 하는 사지선다형 시험문제만 풀면서 자랐기 때문인지도 모르겠다. 최대한 짧게 핵심내용만 전달해야 한다면 도대체 회의를 왜 하는 걸까? 그냥 전달사항을 이메일로 보내고 알아서 읽어보라고 해도 될 것인데 말이다. 회의는 정보를 전달하는 목적도 있지만 팀워크를 점검하고 서로의 의견을 확인함으로써 창의적인 생각들을 만들어내자는 데도 의미가 있다. 그래서 브레인스토밍 방식을 적용시켜보기도 하고 회의 장소를 야외로 옮겨보기도 하는 것이다. 지나치게 자기 원칙에 얽매이면 좋은 아이디어가 생겨날 여유도 없을 뿐만 아니라 기존의 좋은 생각들도 틀렸다며 무시하게 될 것이 분명하다.

셋째, 이들은 자신을 제외한 다른 사람이라든지 외부세상에서 일어나는 일들에 대해서 강한 두려움을 가지고 있다. 자신감이 부족한 것이다. 자신감이 부족하니 다른 사람의 말에 대해서도 일단 덮어놓고 거부하게 된다. 거부하기 위해서는 어떻게든 상대방의 약점과 단점을 찾아내서 맹렬히 공격을 퍼부어야 한다. 그래야만 자신감 부족이 들통날까봐 거부하고 있다는 사실을 숨길 수 있기 때문이다. 그들의 궁극적인 목표는 자기 자신까지도 속여서 '내가 부족해서 거부하는 게 아니다'라고 합리화하는 것이다. 진실은 끔찍하고 거짓은 편안하다는 발상이다.

다른 사람의 잘못된 점이나 주어진 환경의 부정적인 요소들을 찾아내고 강조하게 되면 사람들의 이목이 그것에 집중될 것이라는 안

일한 기대를 가지고 있지만 사실 그런 태도로 외부자극에 접근하다 보면 결국 다치는 것은 자신의 마음뿐이다. 부정적인 생각을 많이 하는 사람의 마음 상태가 어떨지는 말하지 않아도 알 수 있을 것이다. 그런 의미에서 우리가 진정으로 두려워해야 할 것은 세상이 불합리하다는 사실이 아니라, 내가 세상을 부정적으로 바라보며 살고 있다는 바로 그 사실이다.

얼마 후 그를 다시 만나서 이야기를 나누었다. 그때 흉을 봤던 그 팀장은 이미 떠나고 다른 상사가 새로 왔다고 했다. 이번에는 새로운 상사가 업무에는 신경을 안 쓰고 사적인 전화를 너무 많이 한다며 불평을 늘어놓았다. 도대체 우리는 언제쯤 다른 사람의 약점과 단점에 집중하지 않고 내가 가진 자신감으로 세상을 바라볼 수 있을까?

자극의 순간들

이 이야기는 빅터 프랭클의 책에서 읽은 것을 살짝 바꾼 것이다.

한 남자가 정신과 의사를 찾아와서는 이렇게 말했다.
"잠자리에 들 때마다 침대 밑에 누군가 있는 것 같다는 생각이 들어요. 그래서 침대 밑을 살펴보면 아무도 없는 거예요. 밤새 엎치락뒤치락 하며 잠을 못 잔 지가 벌써 일주일이나 됐어요. 어떻게 하죠?"
"한 2년 정도 꾸준히 저와 상담을 하시면 나을 수 있습니다."

"치료비는 얼만데요?"

"한 번 오실 때마다 3만 원입니다."

"좀 비싸네요. 생각 좀 해보고 다시 오겠습니다."

얼마 후 두 사람이 길에서 우연히 마주쳤다. 의사가 남자에게 물었다.

"왜 병원에 안 오셨어요?"

"너무 비싸서요. 하지만 그 뒤에 깨끗하게 나았어요."

"어떻게요?"

"제가 아는 친구가 침대 다리를 없애버리라고 해서 그렇게 했거든요."

"…"

부정적인 것을
긍정적으로 받아들이는 에너지

자신을 비하하는 체하는 사람은 사실은 몹시 거만한 사람이다.
긍정과 부정은 늘 함께 다니기 때문이다.

우리는 좋은 것과 나쁜 것을 구분하는 데 익숙해져 있다. 좋은 책과 나쁜 책, 맑은 날과 궂은 날, 성공과 실패, 호감 가는 사람과 전혀 호감이 가지 않는 사람, 그리고 삶과 죽음까지. 그래서 우리는 살아 있다는 것을 좋은 것이라고 생각하고 죽는 것을 나쁜 것이라고 생각한다. 그렇지 않다면 장례식장에 모여 눈물을 흘리며 통곡하는 일도 없을 것이다. 그리고 인생에 대한 극단적인 회의가 생기거나 살아 있는 것 자체의 고통을 도저히 이겨낼 수 없을 때 자살이라는 마지막 방법을 취하게 된다. 평범한 사람들은 인생이 아무리 힘들어도

어지간해서는 스스로 죽음을 선택하지는 않는다. 아예 생각도 하지 않는다. 말로는 쉽게 '차라리 죽는 것이 낫겠다'라고들 하지만 그 말은 오히려 더 열심히, 더 악착같이 살아보겠다는 의지가 실린 경우가 대부분이다. 인간인 이상 누구도 죽음을 달가워하지 않는다.

삶은 죽음을 안고 있다. 우리는 살아가지만 동시에 죽어간다. 과거보다는 미래가 더 좋을 것이라고 기대하면서 살아가지만, 그 미래에는 죽음이 도사리고 있기도 하다. 그럼에도 사람들은 자신이 죽어가고 있다고 말하지 않고 살아가고 있다고 말한다. 죽음보다는 삶이 좋은 것이라는 생각이 마음속에 각인되어 있기 때문이다. 실제로 우리 마음속에는 죽음에 대한 두려움이 깊이 내재되어 있다. 그래서 역설적으로 죽음을 두려워하지 않는 사람은 행복하게 살 수 있다. 두려워하는 것이 없기 때문에 현재를 즐길 수 있는 것이다.

죽음이 없는 삶은 의미가 없다. 죽음이 없다는 것은 영원히 산다는 말이 되지만, 영원히 산다는 것은 사는 것이 아니다. 그냥 '있는' 것이다. 죽음이라는 것이 없으면 그 반대의 개념, 삶이라는 개념도 성립될 수 없기 때문이다. 죽음이 없으면 삶도 없고 삶이 없으면 변화도 없다. 우리가 좀더 성실하고 보람차게 살아야 하는 이유, 그리고 인생에서 더 많은 의미와 가치를 찾아내고자 노력하는 이유는 바로 우리에게 '시간'이라는 제약이 있기 때문이다.

영원히 산다면 당장 오늘과 내일을 구분하는 일도 의미 없을 것

123

이고, 문명의 진보와 논쟁을 통한 발전도 가치가 없을 것이다. 어차피 시간은 영원하므로 오늘 하지 않으면 내일 하면 되고, 내일 하지 않으면 모레 하면 된다. 그러니 영원히 산다는 것은 사는 것이 아니다. 즐거움도, 쾌락도, 만남도, 배움도 영원히 미루면 될 테니까.

어쩌면 우리에게 죽음이라는 시간의 제약이 주어졌기 때문에, 오늘 노력하고 배우고 즐겨야 하는 것인지도 모르겠다. 그런 의미에서 죽음은 우리가 우리일 수 있는 조건이다. 죽음이 없으면 삶도 없으니 말이다.

모든 일에는 제약이 있게 마련이다. 아무리 쉬운 일에도 장애물이 있지 않은가. 장애물이 없다면 그것은 일이 아니다. 제약이 없다면 성취도 의미 없다. 그래서 장애물이나 제약을 무시한 채 부당한 방법으로 그 일을 성취하게 될 때, 그것의 부작용이 드러나게 된다. 공짜로 큰돈이 생기면 그것이 역효과를 발휘해서 우리의 삶을 뒤흔들어 놓는다. 별 노력 없이 승진하게 되면 동료들이 인정해주지 않을 뿐만 아니라 그 경험이 독처럼 퍼져 계속 태만하게 생활하다 결국 퇴출될 것이다.

어려운 일이나 큰일을 함께 겪고 이겨낸 경험을 가진 사람들이 더욱 끈끈한 관계가 되는 것도 바로 이런 이유다. 함께 노력해서 장애물을 넘었기 때문에 동료애가 더욱 굳건해지고, 가족 간의 애정은 더욱 커지고, 친구들 사이의 의리도 강해진다. 인간관계는 제약 조건이 강력할수록 더욱 단단해지는 경향이 있다.

새로운 일을 할 때마다 항상 느끼는 것들이 있다. 바로 나 자신이 너무 부족하다는 생각이다. '세상에 이렇게 할 것이 많고 배울 것이 많은데 그동안 나는 왜 이렇게 게으르게 생활했지?' 하며 후회하고 반성하기도 한다.

특히 내 전문분야가 아닌 전혀 새로운 일을 하게 될 때는 더욱 그렇다. 동료들과 볼링장에 가면 나는 완전히 바보가 된다. 폼이 어설프다며 놀림을 받기도 하고, 그렇게 해서 언제 실력이 늘겠느냐고 구박을 듣기도 한다. 사실 좀 창피하기도 하고 서러울 때도 있지만 이런 놀림과 구박들이 나를 자극하고 좀더 노력하도록 만든다는 것을 나는 알고 있다. 우리가 새로운 분야에서 새로운 것을 시도해야 하는 이유는 이런 놀림과 구박들 때문이라고 믿는다. 이런 자극들이 없다면 분명 우리는 영원히 자신의 우물에 갇혀서 자신이 최고라고 자만하며 살아갈 것이다.

우리의 마음속에는 긍정적인 자아와 부정적인 자아가 함께 살고 있다. 그리고 이 둘은 선택이라는 상황에 직면했을 때 자주 충돌을 일으킨다. 아침에 눈을 뜨면 긍정적인 자아가 '어서 일어나서 상쾌하게 하루를 시작해.' 하고 속삭인다. 그와 동시에 부정적인 자아는 '피곤할 텐데 계속 자. 하루쯤 결근하지 뭐.' 라며 게으른 본능을 살살 꼬드긴다. 평소 긍정적인 자아의 힘이 강한 사람도 이른 아침이라는 힘든 시간, 잠이 가진 초강력 관성의 법칙(잠은 잘수록 더 온다) 때문에 부정적인 자아의 유혹에 빠지기 쉽다. 그러나 긍정적인 자아가 너무 강해서 부정적인 자아가 끼어들 틈을 주지 않고 곧바로 이불을 박차고 일어나는 사람들은 이런 갈등이 쉽게 이해되지 않을 것이다. 그냥 일어나면 되지 무슨 고민이 그렇게 많으냐며 어리둥절해 할 것이다.

부정적인 자극을 만났다는 말을 다르게 표현하면, 매우 큰 장애물을 만났다는 말로 바꿀 수 있다. 마음을 불편하게 하거나 지금 하고 있는 일을 방해하고 있기 때문에 다가온 자극이 싫어진 것이다. 그러나 그런 자극이야말로 우리에게는 아주 중요한 것들이다. 그것은 성취의 정도를 예측할 수 있는 척도이기 때문이다. 부정적인 자극이 아주 강한 것이라면 오히려 반가워해야 할 일이다. 그것을 뛰어넘고 훌륭한 결과를 만들어냈을 때 우리는 더 큰 발전을 이룰 수 있기 때문이다. 이 과정을 통해서 부정적인 자극을 긍정적으로 바라볼 수 있는 에너지도 얻을 수 있다. 그러므로 부정적인 자극은 긍정적인 자극과 같다. 단지 지금 나의 눈에만 그렇게 보이지 않는 것일 뿐.

자극의 순간들

술자리에서 상사가 물었다.
"직원들이 자네를 좋아하는 이유가 뭐지?"
"글쎄요. 잘은 모르겠지만 제가 저 자신을 좋아하기 때문이 아닐까요?"

'실패'란 그저 나아지기를 그만둔 상태

사람은 누구나 지친다.
그러나 그때마다 또다시 일어나는 사람들이 있다.
안타깝게도 그런 사람들은 실제로 그다지 많지 않다.

한 아버지가 딸아이를 데리고 세계적으로 명성이 자자한 피아니스트의 공연을 보러갔다. 피아니스트의 화려한 손놀림과 놀라운 연주 실력에 감동을 받은 아이가 말했다.

"아빠, 나도 멋진 피아니스트가 될 거야. 그러니까 피아노 한 대만 사주세요."

"한 대? 한 대가 아니라 열 대라도 사줘야지."

무언가를 해보겠다고 결심한 딸아이를 가상하게 여긴 아버지는 거금을 주고 피아노를 들여놓았고 좋은 학원에도 등록시켜주었다. 그러던 어느 날 딸아이가 진지하게 할 말이 있다면서 이렇게 말했다.

"아빠. 나 피아노 학원 그만 다니면 안 돼? 나는 피아노하고 잘 안 맞는 것 같아."

그 후 거실에 덩그러니 놓인 피아노에는 먼지만 쌓여갔고, 비좁은 집에 자리만 차지하는 애물단지가 되었다. 아버지는 피아노를 볼 때마다 치밀어 오르는 화를 참을 수가 없었다.

어느 가정이나 이런 경험들은 한두 가지씩 가지고 있을 것이다. 이런 경험은 결코 변덕스런 아이들만의 전유물이 아니다. 성인들 역시 작심삼일로 막 내릴 비장한 결심의 순간과 좌절의 경험들로부터 결코 자유로울 수 없다.

유명한 강사의 강연을 듣고 나온 동료가 너무 좋은 강의였다면서 강사의 얘기대로 목표를 정해서 관리해나가는 습관을 들여야겠다고 다짐했다. 그러고는 곧장 올해 남은 기간 동안 해내고야 말겠다고 결심한 일의 목록을 적고 계획을 세우고는 계획을 적은 수첩을 나에게 보여주었다. 매달 무엇을 하고 매주 무엇을 할 것인지 상세하게 기록한 것이 제법 그럴듯해보였다. 그의 계획표를 보면서 나 자신도 고무되고 자극받을 정도였으니까 말이다. 문제는 그 이후였다. 얼마 후 그는 점점 어긋나는 자신의 계획표를 보고 한탄하면서 스스로 수첩을 찢어버리고 말았다.

우리의 일상은 자극으로 가득하다. 연예인들이 출연하는 TV 프로그램을 보면서 자극을 받을 때도 있고, 탁월한 연사의 강연을 들으면서 자극을 받을 때도 있다. 우연히 만난 옛 친구의 모습에서, 혹은 인터넷에서 본 재미있는 뉴스기사에서도 자극을 받는다. 우리를 둘러싼 모든 곳에 우리를 자극하는 다양한 요소들이 속속 숨겨져 있다. 물론 이런 다양한 자극들 속에는 긍정적인 것과 부정적인 것들이 한데 뒤섞여 있다.

상식적으로 생각해보아도 긍정적인 자극은 우리에게 좋은 영향을 줄 테고 부정적인 자극은 우리를 괴롭힐 것이다. 하지만 긍정적인 자극이 100% 긍정적인 반응으로 이어진다고는 단언할 수 없다. 가끔은 긍정적인 자극이 부정적인 결과를 낳는 경우도 있기 때문이다. 자극관리에 실패하는 경우 그런 일이 벌어진다.

실패가 반복되면 자기불신이 쌓인다 ● ●

훌륭한 사람들의 모습을 볼 때마다 우리는 '그를 닮고 싶다', 혹은 '나도 저 사람처럼 변해야겠다' 하는 열정에 휩싸이곤 한다. 그리고 그런 열정으로 목표도 세워보고 계획도 세워본다. 하지만 이상하게도 시간이 갈수록 처음 가졌던 본래의 계획과는 점점 멀어지는 자신을 발견하게 된다. 또 얼마 후에는 자신에게 그토록 큰 열정과 동기를 부여했던 '그때 그 순간'이 마치 자신의 것이 아니었던 것처럼 느끼게 되고, 각오를 다지기 이전의 모습으로 쉽게 돌아가 버린다.

이런 경험들이 반복되면 중대한 문제가 발생한다. 바로 자신에 대한 믿음이 점점 약해진다는 것이다. 실패는 약이 된다고도 하지만 그것이 계속 반복될 경우 자신에 대한 실망감이 커지면서 자기 능력에 대한 절대적인 한계를 실감하게 되고, 그러다 보면 결국 주어진 환경에 순응하기만 하는 수동적인 사람으로 전락하고 만다. 반복된 실패의 경험 때문에 도전에 대한 부정적인 인식, 즉 '해도 소용없다'는 자기불신만 학습되어 차곡차곡 쌓이는 것이다. 아무리 자신을 바꾸고 싶어도 자신을 관리할 수 있는 능력을 키워나가지 못하면 그것은 바람으로 끝나고 만다.

강의를 하기 위해 여러 회사나 단체에 가보면, 상당히 많은 사람들이 이런 무기력증에 빠져 있음을 발견하곤 한다. 좋은 강의, 훌륭한 강사는 좋은 교육생이 만든다. 똑같은 이야기를 해도 열광적인 반응을 보이는 사람들이 있는가 하면, 무표정하고 무감동한 반응을 보이는 이들도 있다. 받아들이는 청중의 태도와 마음가짐에 따라서 강의내용이 전달되는 수준은 완전히 달라지기 때문에, 교육의 효과는 교육생들이 강사의 말을 얼마나 긍정적이고 발전적인 자세로 수용하는가, 자신의 것으로 내면화하려는 의지가 얼마나 강한가에 크게 좌우된다. 그래서 좋은 교육생이 좋은 강사를 만든다는 것이다. 적극적으로 반응하는 사람들은 자신에게 쏟아지는 자극을 효과적으로 관리하는 방법을 본능적으로 알고 있다.

이번에는 좋은 교육생이 가진 몇 가지 특징을 알아보자. 일단 그들은 다른 사람들이 보내는 자극을 잘 수용하고 성실하게 관리한다. 자기 삶을 지금보다 더 긍정적인 방향으로 변화시키고 싶다는 열정과 의지로 가득 차 있기 때문에 기본적으로 교육이나 강의에 호감을 가지고 참석한다. 이렇듯 그들이 자극을 관리하는 비법은 사실 별로 어려운 것도 아니다. 들어오는 자극을 거울처럼 반사시키는 게 아니라 스펀지처럼 쭉쭉 빨아들여서 자신의 삶을 개선하는 데 적극적으로 이용하는 것이 전부다.

이들은 단기적으로는 뚜렷한 변화를 확인하기 어려울 수도 있지만, 매 순간 자극을 이용해서 자신을 변화시키려고 끊임없이 노력하기 때문에 장기적으로 보았을 때 성취 가능한 일의 수준과 범위가 엄청나게 확장된다. 여기서 자기관리를 하지 않은 사람들과는 비교할 수 없을 정도로 질적인 차이가 생겨난다. 넉넉잡아 직장생활 10년이면 사람의 운명이 판가름 나기에 충분한 시간이다.

실패란 없다, 그러나 실패자는 있다 ••

자극은 관리되어야 한다. 자극을 제대로 관리해야만 환경적인 제약조건들을 더욱 슬기롭게 이용할 수 있다. 현재 자신이 가진 한계를 극복할 수 있는 자신만의 독특한 노하우를 차곡차곡 모아서 축적하는 것, 이것이 바로 성취냐 좌절이냐를 결정하는 중요한 요소다.

실패란 없다. 그러나 이상하게도 실패자는 있다. '실패'란 그저 발전하기를 그만둔 상태를 말하는 일종의 관념일 뿐인데, 사람들은 그 상태를 계속 유지해서 '실패자'가 되어버린다(누가 시키지도 않았는데 말이다). '실패'는 그냥 머릿속에 들어 있는 관념에 불과하지만, 사람들은 자신이 겪은 실패가 마치 자기 자신의 전부인 양 지속적인 포기상태에 머물러 실패자로 전락하고 마는 것이다. 이 상태에 있을 때 자신을 제대로 관리하지 않으면 실패라는 관념이 우리를 집어삼키고 결국 영원한 실패자가 된다. 여기서 말하는 자기관리란 바로 자극을 관리한다는 것이고, 자극관리는 패배자 마인드, 즉 성공하기를 그만두려는 마음이 생길 때마다 우리가 가야 할 원래의 길로 우리를 원위치 시켜주는 것을 의미한다.

우리가 일상적으로 경험하는 자극들은 미래의 '삶의 질'과 직결된다. 그리고 또 한 가지 중요한 것은 자극에 액티브하게 반응하는 바로 지금 그 순간 도전의식과 성취감, 재미, 열정 같은 요소를 느낄 수 있다는 것이다. 이런 감정의 원천이 자극에 대한 반응이기 때문이다. 이처럼 자극은 살아 있는 매 순간 우리에게 이런 신나고 설레는 감정을 확인할 수 있는 기회를 제공한다.

자극관리는 일상에서 스치는 모든 것에 눈을 크게 뜨고 관심을 갖는 것, 가까운 주위부터 열심히 살펴보는 데서 시작된다. 자극을 제대로 관리할 수 있는 사람은 먼 미래에 대한 성취뿐만 아니라 지금 당장의 행복 수준까지도 극적으로 끌어올릴 수 있다. 자극을 부지런히 발견하고 적극적으로 활용해야만 하는 이유가 바로 이것이다. 이런 노력은 '한계에 부딪혔다'고 생각되는 순간, 아니 생의 절벽에서 떨어지기 직전에도 포기하지 않고 도전할 수 있는 힘을 준다.

자극의 순간들

두 골초가 대화를 나누고 있었다.

"담배를 끊으면 장수할 수 있다는 게 정말이야?"

"아니야. 사람들이 단지 그렇게 느끼는 것뿐이야."

"어떻게 아는데?"

"내가 담배 끊으면 장수한다는 말을 듣고 시험 삼아 하루 동안 끊어봤거든…"

"그랬더니?"

"하루 종일 담배를 안 피웠더니 하루가 얼마나 긴지 정말 오래 사는 기분이 들더라니까!"

행복을 가로막는
부정프로그램 바꾸기

나는 노래도 못하고 춤도 못 추고 연기도 못한다.
그런 내가 토크쇼 사회자 말고 달리 할 게 뭐 있겠는가?
_데이비드 레터맨

한 사나이가 우연히 하느님을 만나게 되었다. 평소 세상에 불만이 많았던 그는 자신이 다른 사람들에 비해 불공평한 대접을 받고 있다면서 하느님께 항의하기 시작했다. 하느님은 그의 말을 다 듣고서 측은한 마음에 원하는 소원 한 가지를 들어주겠다고 말했다. 대신 무엇이든 그의 소원을 들어주면 그의 이웃은 그 소원의 두 배를 갖게 된다고 설명했다.

사나이는 처음에는 너무 기뻐서 어쩔 줄 몰라 했지만 생각하면 생각할수록 마음이 불편해졌다. '만일 내가 황금 한 덩어리를 얻는

미치도록 나를 바꾸고 싶을 때

다면 내 이웃은 두 덩어리를 얻게 되겠지? 내가 왕이 되어 나라를 다스리게 된다면 그는 내가 가진 영토의 2배에 해당하는 땅을 다스리게 될 것이고, 만일 내가 천하의 미인을 얻게 된다면 못생긴 얼굴에 장가도 못 갈 것 같은 그 녀석은 천하절색을 둘이나 얻게 되겠지. 그래선 안 돼! 그런 꼴은 절대 못 봐!'

그는 이리저리 궁리를 해보았지만 별 뾰족한 소원을 찾을 수가 없었다. 그리고 그는 이웃이 자신보다 더 많은 것을 얻는다는 사실이 미치도록 싫었다. 결국 그는 하느님께 큰 소리로 이렇게 말했다.

"하느님, 제 한쪽 눈을 뽑아주세요."

세상은 그저 객관적으로 주어져 있는 것인데도 불구하고 사람들은 저마다 이것을 두고 주관적으로 해석하기 바쁘다. 가령 서울에서 부산까지 가는 가장 빠른 방법이 무엇이냐고 물어보면 어떤 사람은 비행기라고 말하고 어떤 사람은 KTX라고 말하고 어떤 사람은 직접 자동차를 몰고 가는 것이라고 말한다. 그러나 이러한 판단의 기준은 자신이 어떤 위치에 있느냐에 따른 것이다. 이동시간이야 비행기가 가장 짧을 테지만 집에서 공항까지 가는 데 2시간 이상 걸리는 사람에게는 비행기보다 기차를 이용하는 편이 빠를 수도 있다. 고속버스 터미널 바로 옆에 사는 사람은 고속버스를 이용하는 편이 나을지도 모른다. 누구나 주어진 문제에 대해서 각자가 처한 현실을 기준으로 판단한다. 그렇지 않다면 논쟁이나 갈등이 생길 이유가 없을 것이다.

당나라의 정치가 허경종許敬宗은 "봄비가 기름 같지만 길 가는 사람은 그 질척함을 싫어하고, 가을 달이 휘영청 밝지만 도적질 하는 자는 그 비춰짐을 싫어한다."고 했다. 이처럼 어떤 상황에 처했느냐에 따라 사물을 다르게 판단하는 이기적인 마음을 누구나 가지고 있게 마련이다.

자극도 마찬가지다. 똑같은 자극인데도 어떤 사람에게는 희망의 메시지가 되고 어떤 사람에게는 절망의 징조가 된다. 만약 여러분이 앞에 나온 사람처럼 하느님을 만난다면 어떤 소원을 빌겠는가? 미워하는 이웃이 나보다 잘되는 꼴을 보는 게 미치도록 싫어서 자신을 불행으로 몰고 가겠는가, 아니면 원하는 것을 얻고 상대방도 행복해지는 길을 선택하겠는가? 부정적인 자극을 만드는 것은 바로 그것에 반응하는 자신의 선택이다.

무의식을 지배하는 '부정 프로그램' ••

우리는 자신에게 주어진 일은 제대로 하지 않으면서 목소리만 큰 사람을 싫어한다. 회사생활을 하다 보면 오히려 그런 사람들이 인정받을 때가 있다. 이때 우리는 부정적인 스트레스를 받는다. 하지만 가만히 생각해보면 일을 열심히 하는 사람보다 목소리 큰 사람이 인정받는 분위기를 만든 것은 바로 우리들 자신이다. 게으른 사람들이

핏대를 세워가며 목소리를 높일 때 우리는 무엇을 하고 있었는가? 그와 똑같은 사람이 되고 싶지 않아서 아예 외면하고 회피했다고? 그렇다면 그 결과에 대해서도 책임을 져야 하는 것 아닐까?

손해 보는 것 같다는 생각이 드는 이유는 일이든 사람관계든 씩씩하게 주도하지 못하고 질질 끌려 다니기 때문이다. 질투는 상대방보다 뛰어날 수 없을 때 생기는 감정이라서 내가 그보다 더 뛰어나면 질투할 필요가 없다. 즉 질투는 열등감의 발로다. 그래서 쉽게 질투하는 사람일수록 자신감이 없고 긍정적인 에너지가 부족하다. 만약 여러분이 그런 상황에 빠져 있다면 더 이상 질투심 같은 부정적인 자극에 휘둘리지 말도록 하자. 큰 목소리로 당당하게 자기주장을 할 것인지 아니면 숨어서 지켜보다가 뒤에서 비겁하게 비난만 할 것인지를 선택하면 된다. 그리고 거기에 책임지면 된다.

문제는 우리가 무언가를 선택해야 하는 상황일 때 마치 선택권이 없는 것처럼 보인다는 점이다. 살아오면서 경험한 것들은 습관으로 자리를 잡게 되고, 그 과정에서 이미 중요한 것과 중요하지 않은 것, 좋은 것과 싫은 것에 대한 판단이 서버린다. 그 판단기준에 따라 한 가지만 선택할 수 있도록 프로그래밍 되고, 그 프로그램은 무의식의 세계를 지배하며 우리의 일상을 조절하고 통제한다. 때문에 주어진 상황에 긍정적으로 반응하고 새로운 관점으로 접근할 수 있음에도 불구하고 기존의 프로그램이 내리는 생체적 명령에 따라 부정적인 반응으로 자신을 몰고 간다.

나는 지금 어떤 프로그램을 가지고 있는가? 자신이 반응하는 모습을 모니터링 할 수 있는가? 자신의 특징을 객관적으로 파악할 수 있는가? 마음속 프로그램은 철저히 베일에 가려져 있기 때문에 '소스 보기'를 통해서도 확인할 수가 없다. 논리로는 해석이 안 되는 내용인데도 이성을 가지고 풀어보려고 하니 답답한 것이다. 마음속 프로그램은 이성이나 논리가 아닌 직관이나 감성과 같은 도구를 이용해서 풀어야 한다. 이성이나 논리조차도 이미 내장되어 있는 프로그램이기 때문이다.

주어지는 자극들을 부정적으로만 해석하는 프로그램이 있다면 우선 그것부터 찾아내서 고쳐야 한다. 어떤 자극이든 부정적으로 받아들이는 프로그램의 명령을 받는 한 우리의 삶은 절대 행복해지지 않는다.

행복한 삶의 첫 번째 조건은 행복을 선택하는 것이고, 행복과 불행 중 하나를 선택해야 한다면 누구라도 당연히 행복을 선택할 것이다. '누가 그걸 모르냐'고 말할지 모르겠지만, 실제로 행복을 선택하기란 쉬운 일이 아니다. 지금 우리의 마음속 프로그램이 우리의 올바른 선택을 방해하고 있는지도 모른다. 자신의 행동을 조종하는 프로그램을 먼저 체크해보자. 자극을 부정적으로만 이해하고 반응하는 프로그램을 고치는 것이야말로 진정으로 행복한 삶을 회복하는 비결이다.

미치도록 나를 바꾸고 싶을 때

매일 6시에 '칼퇴근'을 하는 동료가 있었다. 사람들은 그를 '현대직장인 생활백서'
의 기본도 모르는 용감한 사람이라고 말했지만 그는 전혀 아랑곳하지 않고 6시면
정시퇴근을 했다. 주위 사람들의 눈총은 점점 더 심해졌고 심지어는 그의 업무가
너무 적으니 일을 더 줘야 한다고 말하는 사람까지 있었다. 그러나 그의 신상에 관
한 이야기를 듣고 난 후에는 아무도 그의 칼퇴근에 대해서 시비 거는 사람이 없었
다. 알고 보니 그의 아내는 희귀병에 걸려 오랫동안 병원에서 투병생활 중이라는
것이었다.

아무리 부정적인 자극이어도 먼저 그것의 배경을 이해하려고 노력해볼 필요가 있
지 않을까? 그 후에 판단해도 늦지 않을 테니까 말이다.

한순간 태도의 차이가
엄청난 결과의 차이를 낳는다

내가 해야 할 일에서 손을 놓고 있을 때 일은 나에게서 자신감을 빼앗아간다.
부정적인 자극에는 더욱 적극적으로 개입하라.

우리의 인식은 일상적으로 접하는 자극들을 통해 형성된다. 모처럼
의 쉬는 날 교외로 나갔더니 사람도 너무 많고 차도 밀려서 휴식을
취하기는커녕 오히려 스트레스만 잔뜩 쌓였다면 그 경험은 부정적인
것으로 인식된다. 이런 부정적인 인식은 자극을 부정적인 것으로 규
정하고 결국 부정적인 반응을 만들어낸다. 부정적인 자극이 긍정적
인 반응으로 연결되는 경우는 거의 없다. 차가 밀려서 스트레스를 받
은 사람이 '야, 이번 휴일은 정말 멋졌어!' 라고 말하지는 않을 것이
고, 아마 다음 휴일에 다시 나오자는 말은 절대 하지 않을 것이다.

미치도록 나를 바꾸고 싶을 때

긍정적인 반응은 그것을 만들어낸 긍정적인 자극이라는 경험에 대해서 호의적으로 평가하고 다시 무언가를 시도하고자 하는 의지를 만들어 경험의 질을 강화한다. 외식이 즐거웠다면 다음에 또 오자고 할 것이고, 학습이 재미있었다면 계속해서 학습하려고 할 것이다. 반면 부정적인 반응이 강할 경우는 같은 행동을 반복하려 하지 않는다. 마음에 드는 이성이 있어서 고백을 했다가 차여본 실연의 아픔을 겪은 사람이 다음번에 도전할 때 또다시 거절당할지도 모른다는 생각에 망설이게 되는 것과 같다. 자극에 대한 인식이 긍정적이어야 하는 이유가 바로 이것이다.

우리가 어떻게 생각하느냐에 따라, 주어지는 자극에 대한 반응이 결정된다. 좋은 쪽이든 나쁜 쪽이든 반응의 결과가 도출되면 이제 우리가 해야 할 일은 정해진 셈이다. 우리는 이미 반응으로 도출된 결과를 바꿀 수 없다. 과거에 일어난 일을 바꿀 수는 없지 않은가. 우리가 바꿀 수 있는 것은 반응이라는 결과가 아니라 그것의 원인이 되는 인식뿐이다. 자극이 인식되는 단계에서부터 미리 부정적인 것을 긍정적인 것으로 전환시키는 것이다. 그러기 위해서는 부정적인 반응이 나타나기 전에 인식에 개입해서 긍정적인 반응이 나오도록 바꿔야 한다.

이는 곧 적극적으로 자극에 개입해서 의미를 재해석하고 새로운 자극을 가해서 반응을 조절하라는 뜻이다. 우리는 반응의 방향을 조절하고 통제하여 새로운 자극을 재창조할 수 있다. 별 것 아닌 것 같은 이런 개입이 사실은 엄청난 차이를 낳는다. 전설적인 세일즈맨 클레멘트 스톤Clement Stone의 말을 빌리자면 "사람들 간의 차이는 미미하다. 그러나 그 미미한 차이가 큰 차이를 만들어낸다. 왜냐하면 그 미미한 차이는 바로 태도의 차이이고, 그 태도가 긍정적이냐 부정적이냐 하는 것은 엄청난 차이를 만들어내기 때문이다." 우리는 우리가 긍정적으로 생각하도록 관점과 태도를 조절할 수 있는 능력이 충분하다.

자극은 반응을 낳는다. 그 반응은 다시 자극이 되어 우리에게 또 다른 반응을 유도한다. 예를 들어 라디오에서 너무나 멋진 노래를 들었다고 하자. 그러면 우리는 노래가 멋지다는 자극을 통해서 다시 듣고 싶다는 욕구가 생긴다. 그 욕구는 일종의 반응이다. 다시 듣고 싶다는 욕구가 또 다른 자극이 되어 CD를 사야겠다는 결심을 하게 만든다. 그리고 CD를 구매하게 된다. 이렇게 자극은 반응을 낳고 반응은 또 다른 반응을 낳는다.

그런데 이 과정에서 어떤 사람은 CD를 사기도 하고 어떤 사람은 그냥 라디오에서 듣는 것으로 만족하기도 한다. 각자 그 자극을 받아들이는 정도가 다르기 때문에 일어나는 현상이다. 그리고 그 자극을 받아들일 때 우리는 스스로 자극의 수위를 조절한다. 합리적인 이성을 동원해서 주머니 사정과 음악을 들을 시간적 여유가 있는지 등을 종합적으로 판단해서 CD를 살 것인지 아닌지를 결정하는 것인데 쉽게 말해서 자극의 정도와 그것에 반응하는 수준을 조절하는 것이다. 이 조절과정에 우리는 스스로 개입할 수 있다. 다른 자극을 가하거나 질문을 던져서 자극의 의미를 재해석하다 보면 우리는 스스로 반응을 조절할 수 있게 된다.

대부분의 사람들은 부정적으로 인식하더라도 긍정적으로 반응해야 한다고 배웠다. '세상은 원래 그런 거야', '절이 싫으면 중이 떠나야지'라는 등 냉소적이고 체념적인 말들은 지금의 부정적인 인식을 그대로 받아들이면서도 행동은 긍정적으로 하라는 의미를 포함하고 있다. 부정적으로 생각해버렸는데 긍정적으로 행동하라고 하니, 이런 모순에 빠지면 누구나 갈등한다. 안 되는 것을 억지로 끼워 맞추려고 하니 잘될 리가 없다. 그러므로 반복해 말하지만 문제의 핵심은 바로 자극을 받아들이는 상황에 개입하여 새로운 자극을 가해야 한다는 것이다. 이런 개입이야말로 부정적인 인식을 긍정적인 것으로 전환하여 효과적으로 반응하도록 만드는 가장 쉬운 방법이다.

자극에 개입한다는 것은 무슨 의미일까? 이것은 자극에 대한 부정적인 인식을 긍정적으로 바꿀 수 있는 '새로운' 자극을 만들어낸다는 의미다. 그것은 독서일 수도 있고 만남일 수도 있고 자신에게 선사하는 보상일 수도 있으며 스스로에게 신중하게 질문을 던져보는 것일 수도 있다. 이런 의식적인 개입이야말로 현재의 상황을 긍정적으로 인식하게 하는 새로운 실마리를 제공한다.

개입의 방법에는 여러 가지가 있다. 자신에게 질문하는 것, 새로운 자극의 경험을 만드는 것, 반응의 결과를 상상해보는 것, 지금 이 순간의 의미와 가치를 규정해보는 것, 과거를 지우고 새로운 마음을 가져보는 것, 그냥 웃으며 넘겨보는 것, 다짐하면서 글로 남겨보는 것, 원인을 찾아보는 것 등이 그것이다.

이 과정에서 다양한 반응들을 통해 자극을 재창조하는 방법과 사례들을 확인해보는 것이 중요하다. 질투, 분노, 두려움, 소외감, 따분함 같은 반응의 원인이 무엇인지를 파악해서 그 원인을 제거해주는 다양한 자극제를 의식적으로 사용할 수 있다면 우리는 경험의 질을 통제하고 관리하여 그것을 습관으로 만들 수 있을 것이다. 그것이 우리 내면에서 프로그램화될 때 우리는 무한한 자유의 영역에 도달할 수 있다.

이제부터 우리가 살면서 겪게 되는 부정적인 반응의 사례를 좀더 구체적으로 분석해볼 것이다. 부정적인 반응의 경험을 집요하게 파헤치다 보면 부정적인 반응의 원인이 무엇이며, 어떻게 하면 그것을 긍정적인 반응으로 전환할 수 있을지 답을 찾아낼 수 있다.

자극의 순간들

과학자 뉴턴은 약간 미친 사람이었다고 한다.

어느 날 그는 친구들을 저녁식사에 초대했다는 사실을 까맣게 잊어버리고는 친구들이 식사를 다 마칠 때까지 서재에서 나오지도 않고 생각에 골몰했다. 기다리다

미치도록 나를 바꾸고 싶을 때

지친 친구들이 식사를 다 마치고 돌아가고 나서야 식탁으로 나와서는 식기들이 이리저리 흩어져 있는 것을 보고는 자신이 식사를 했다고 생각하고는 다시 서재로 돌아갔다고 한다.

그는 약간 미친 사람이었다. 그 미친 사람 덕분에 우리의 과학시간은 괴로워졌다.

지루함과 무료함에서 벗어나기

약한 자극은 부정적인 반응으로 이어진다.
그리고 아예 자극이 없다면 더욱 부정적인 자극이 우리를 지배하게 된다.

지루하고 재미없는 영화를 본 사람 :

'앞으로 저 감독 영화는 절대 안 봐야지.'

고리타분한 교육을 받은 사람 :

'왜 이런 교육을 받아야 해?!'

첫 월급이 기대보다 적은 직장인 :

'빨리 다른 곳을 알아봐야겠군.'

위에서 열거한 사례들은 모두 약한 자극에 대해서 부정적인 반응

미치도록 나를 바꾸고 싶을 때

을 보이는 경우들이다. 지루하고 재미없는 영화는 강한 자극을 줄수 없다. 아주 웃기거나 감동적인 것, 의미심장한 느낌을 주는 것들은 긍정적이고 강한 반응을 만들어내는 자극제가 되지만, 재미없고 지루한 영화나 교육들은 시간낭비만 했다는 부정적인 반응으로 이어지게 마련이다. 이왕 교육을 할 거면 재미있게 해야 하고, 영화를 보더라도 좋은 영화를 골라서 봐야 하는 이유가 바로 이 때문이다. 괜히 어정쩡한 태도를 보이거나 어중간한 것들을 선택했다가는 '내가 이럴 줄 알았어!' 하는 부정적인 반응만 나타날 뿐이다.

지하철은 머리와 꼬리가 따로 없기 때문에 앞과 뒤의 구분이 없다. 하지만 뱀은 머리와 꼬리가 있어서 머리 방향으로 전진한다. 지하철에 머리와 꼬리가 없는 것은 한 길을 왕복하겠다는 의지의 표현인지도 모른다. 우리의 인생, 아니 우리의 일상은 앞과 뒤가 있는가? 지하철처럼 매일 똑같은 길을 왕복운행하면서 똑같은 생각과 행동패턴을 반복하고 있지는 않은가? 혹은 서울 지하철 2호선처럼 같은 선로 위를 반복해서 순환하고 있는 것은 아닌가?

자연스러운 삶은 뱀처럼 앞과 뒤가 있어서 시작하고 끝을 맺어가며 원하는 방향으로 매일 다르게 움직이며 다르게 생각한다. 만나고 부딪히는 모든 것들 속에서 다른 의미를 찾아내고 주도적으로 성장하고 변화한다. 하지만 지하철처럼 같은 레일만 앞뒤 구분 없이 오고가는 사람들은 어느 방향으로 전진해야 하는지 모른 채, 변화도 없고 발전도 없는 무의미한 반복만 소모적으로 하고 있을 뿐이다.

축복 속에서 태어나 박수와 웃음소리 한가운데서 돌잡이를 하고, 유치원과 초·중·고등학교와 학원을 오가면서 괜찮게 살려면 공부를 잘해야 한다는 충고를 250번쯤 듣고, 공부도 중요하지만 창의적인 사람이 되도록 노력해야 한다는 이야기를 60번쯤 들었더니 고등학교 졸업장을 받았고, 우수한 성적은 아니지만 그래도 4년제 대학을 무사히 졸업하고, 취업재수 2년의 다리를 건너 직장에 들어와 보니, 카드값의 압박에 투잡two-job까지 해야 할 판이며, 남들처럼 결혼도 하고 아이들을 낳아 유치원과 학원, 학교를 보내고, 마찬가지로 아이들에게 괜찮게 먹고살려면 공부를 잘해야 하고 창의적인 생각도 해야 한다는 잔소리를 하면서 '퇴직하기 전에 저놈들 시집 장가는 보내야 할 텐데…' 하는 생각을 하면서 이 책을 집어 들고 있지는 않은가?

아니면, 7시쯤 부스스 일어나서 자고 있는 가족들을 깨우려니 미안해서 그냥 어제 저녁에 먹다 남은 김치찌개에 밥을 대충 말아먹고는 김밥같이 생긴 지하철을 타고 도착한 회사에서 관심도 없는 시시한 대화와 갑작스럽게 내 일이 되어버린 남의 업무와, 딱히 먹을 것도 없는 점심과 별 볼일 없는 출장을 마치고, 다시 앞뒤 구분 없는 지하철을 타고 이유는 없지만 일찍 가야 한다는 일념으로 집에 돌아오니, TV가 나를 웃겨주고, 무심히 가족과 함께 시간을 보내다 잠들기 전 '살아남으려면 자기계발을 해야 한다'는 생각이 번쩍 들어 이 책을 보고 있지는 않은가?

자극 없는 상태, 즉 무자극이 일상적이고 보편적인 것으로 정착되어버리면 그 자리를 부정적인 자극이 대신 차지하게 된다. 쉬운 예로 퇴근시간 즈음에 '오늘 회식이나 할까?' 하고 말했을 때 아무도 그 말에 반응을 보이지 않는다면 우리는 '사람들이 회식하고 싶지 않은가보다' 라고 생각한다. 마찬가지로 상품을 팔기 위해 목청껏 외쳤는데 아무도 호응해주지 않는다면 '내가 판매하는 상품이 살 만한 가치가 없는 건가?' 하고 의심하게 된다. 길을 가다가 소매치기가 행인의 가방을 낚아채서 달아나는 장면을 목격했는데 아무도 소매치기를 잡으려고 하지 않는다면 그것을 지켜보던 사람들은 모두 이렇게 생각한다. '아무도 돕지 않는데, 굳이 내가 나서서 그를 도와줄 필요는 없어. 내 가방만 조심하면 돼.' 하고 말이다.

자극 없이 사는 사람은 사사건건 불평한다. 늘 똑같은 일상에 갇혀 지내기 때문에 게으르게 생각하고 게으르게 행동한다. 게다가 당장의 인기에 집착해 사람들로부터 인기를 얻지 못하게 될까 봐 두려워하고 거짓말을 하면서 자기 자신까지 속인다. 게으른 사람은 스스로 자기 에너지를 방전시키면서도 세상이 자신을 몰라준다고 불평한다. 결국은 누워서 침 뱉기지만 그 사실도 자기만 모른다. 그런 의미에서 무자극은 저주에 가깝다.

정신적 빈곤이라는 돌림병●●

물질적인 풍요가 바이러스처럼 확산되고 있는 사회에서 인간은 자극 받을 기회를 점점 잃어가고 있다. 부족한 게 없는 사람은 어떤 일에도 적극적이지 않고, 주어지는 모든 자극에 뜨뜨미지근하게 반응한다.

인간은 자극이 없으면 살 수 없는 동물이다. 아이러니하게도 요즘은 모든 성인병의 첫 번째 원인으로 스트레스를 꼽지만, 반대로 자극과 긴장, 스트레스가 전혀 없는 상태도 인간을 병들게 한다. 알다시피 풍요로운 사회일수록 우울증과 대인기피증, 허무주의가 널리 퍼져 있다. 물질적으로는 부족한 게 없지만 정신적으로 아주 빈곤한 상태를 맞이하게 된 사람들은 어차피 죽을 목숨이니 고민하며 살 필요가 없다는 식으로 생각해버린다. 경제적인 풍요만을 목표로 죽도록 내달려온 인간에게 이런 '대략 난감'한 시추에이션은 충분히 공황상태에 빠지기 쉬운 낯선 상황이다. 결국 그런 정신적 혼란의 와중에 떼돈을 버는 건 정신과 의사들뿐이다.

정신적 빈곤이 돌림병처럼 퍼지게 된 이때, 그것을 견디지 못한 인간들 중 몇몇은 의도적인 자극을 찾아 나선다. 깎아지른 암벽을 맨손으로 기어오르거나 낙하산 하나에 의지한 채 공중에서 뛰어내리는 등 각종 위험천만한 익스트림 스포츠가 유행하게 되었고 무에타이를 배우겠다며 퇴근 후 도장으로 달려가는 사람들도 많아졌다.

미치도록 나를 바꾸고 싶을 때

위험을 피하기 위해 미친 듯이 돈을 벌었지만 이제는 이율배반적으로 스스로 위험을 찾아다니고 있다.

많은 사람들이 게임과 스포츠에 열광하는 이유도 같은 것이다. 게임은 큰 위험 없이 긴장감을 맛볼 수 있는 수단이다. 스포츠 경기를 관전하는 것 역시 내가 직접 뛰어드는 수고 없이 긴장감과 짜릿한 쾌감을 느끼게 해준다. 무자극 시대의 인간들이 아드레날린과 엔돌핀 분비방법을 까먹을까 봐 스스로 찾아 헤맨 자극법인지도 모르겠다.

스포츠와 게임에라도 몰입할 수 있는 사람은 그나마 다행이다. 최소한 우울증 환자나 회의주의자로 전락하지는 않기 때문이다. 그러나 조심해야 할 것이 있다. 주위에서 쏟아져 들어오는 자극에 수동적으로 끌려 다니기만 하면 자극이 주는 부정적인 영향력 아래에 놓이게 된다는 점이다. 게임은 중독을 낳고 스포츠는 광신을 낳을 수도 있다. 즉 너무 쉽게 몰입하고 너무 쉽게 반응하는 방식이 몸에 익숙해지면 노력의 의미, 힘들게 땀 흘리는 데서 얻는 행복과는 점점 멀어진다는 말이다. 몸뿐만 아니라 정신적으로 건강한 자극을 찾아야 하는 이유가 바로 이것이다.

별다른 자극 없이 반복되는 생활을 계속 한다면 처음에는 상당히 지루하고 재미없게 느껴지지만, 곧 적응해서 스스로 그것을 편하다고 생각하게 된다. 그런 식으로 자극 없는 생활에 익숙해지면 나중에는 자극자체를 받아들이지 못하게 된다. 자극을 받아들이고 적당히 반응하는 것을 훈련하지 못했거나 혹은 그것이 까마득히 오래

전 일이라 이제는 웬만한 자극에는 전혀 반응을 나타내지 않는 것이다. 좋은 책을 읽어도 가치 있는 내용을 발견할 수 없고, 주위에 가득 핀 노란 개나리를 보고도 무감각하게 지나친다. 누군가 자신에 대해 좋은 감정을 가지고 무언가를 나누고 싶어 한다는 사실도 깨닫지 못하며 몽롱하게 살아간다. 어쩐지 좀 무섭고 쓸쓸하지 않은가?

자극의 순간들

머리인지 꼬리인지 알 수 없는 지하철의 마지막 칸이 떠나가는 모습을 보면서 현대인의 삶을 그것에 빗대는 글을 썼다. 그래도 나는 이런 생각이라도 하면서 살고 있다는 뿌듯함을 느끼며 잠시 그 생각에 몰입하고 있었는데, 이런 생각이 번뜩 떠오르면서 잠시 내가 빠져 있던 우쭐함은 우르르 무너졌다.

'우리가 자신의 경험 틀 속에서만 생각할 수 있다면, 나 또한 지금껏 지하철 인생을 살아왔기 때문에 그것을 발견할 수 있었던 것이 아닌가!'

미치도록 나를 바꾸고 싶을 때

나를 바꾸는
열다섯 가지 키워드

우리의 일상은 크고 작은 자극으로 이루어진다.

자극을 관리하지 않으면 일상은 바뀌지 않을 것이고

일상이 바뀌지 않으면 우리가 원하는 변화는

결코 일어날 수 없다.

자기확신 - 된다고 믿어보자. 어차피 손해 볼 것은 없으니까

자기확신을 가지고 선택하고 결정하자.
나는 힘이 있다. 그것을 믿어야 한다.
내가 나를 사랑한다면...

행복하게 살고 싶지 않은 사람은 아무도 없을 것이다. 우리가 미치도록 자신을 바꾸고 싶은 이유는 그 변화가 바로 행복을 가져다줄 것이라고 믿기 때문이다. 그런데 이상하게도 사람들은 행복과 거리가 먼 쪽으로 생각의 방향을 정하고 미친 듯이 차를 몰아대는 것 같다. 그렇게 열심히 달려 자신이 원하는 것과는 정반대의 결과를 얻어낸 후 이렇게 생각한다. '이렇게 돼버린 것은 내 운명이야', '보이지 않는 거대한 손이 나를 움직이고 있기 때문에 미약한 존재인 나는 도무지 삶을 통제할 수가 없었어' 하고 말이다. 주저앉은 사람들이 늘어놓는 이런 변명에 고개를 끄덕이는 사람들이 의외로 많다. 자기 자신도 그럴 수 있다고 생각하기 때문이다. 그런데 그렇게 생각하는 사람들은 정말 그렇게 될 가능성이 크다.

우리가 그토록 행복을 갈망하면서도 행복해지지 못하는 이유는 스스로가 가진 힘을 신뢰하지 않기 때문이다. 게다가 의지도 나약하고 자신감도 부족하니 무언가를 새롭게 시작하더라도 금방 포기하게 된다. 그렇게 쉽게 포기하는 버릇이 습관으로 몸에 배어버리면 아무리 좋은 자극이 들어와도 무반응이거나 오히려 부정적인 반응을 보이게 된다. 이런 식으로 우리는 인생을 원치 않는 상황으로 몰고 가는 것이다. 그러나 아직 남은 날들이 충분히 있으니 기회는 있다. "나는 지금보다 더 많이 행복해질 수 있다. 나 스스로 그런 능력을 충분히 가지고 있다고 믿는다."라고 소리 내어 말해보자. 자신만 믿을 수 있다면 얼마든지 새로운 삶을 시작할 수 있다.

실패나 포기는 특정한 자극에 대해 부정적으로 반응해서 나타난 결과다. 일단 부정적인 자극에 익숙한 사람들은 어떤 자극에든 부정적으로 반응한다. 여기서 우리가 반드시 알아야 할 것은, 나에게 다가온 부정적인 자극은 단지 하나의 유쾌하지 못한 경험일 뿐이지, 그것에 인생 전체가 흔들리거나 좌우되는 것은 절대 아니라는 점이다.

쉬운 비유를 해보자. 직선이든 곡선이든 선이라는 것은 수많은 점들로 이루어져 있다. 그 점들 중 하나가 다른 방향을 향해 찍혀 있다 해도 이어진 각각의 점들이 제대로 된 방향에 찍혔다면 그 선은 우리가 원하는 곳으로 뻗어간다. 선 위에 놓인 수많은 점 중에서 하나의 점은 말 그대로 그냥 하나의 점일 뿐이다. 자극의 경험도 마찬가지다. 긍정적인 것이든 부정적인 것이든 자극이라는 것은 인생이라는 길고 긴 선 위를 빼곡히 채우고 있는 하나의 점이다.

문제는 그 점 하나하나를 바라보는 우리의 시각이다. 점 하나가 내가 원하는 것과는 다른 방향을 향해 찍혔다고 치자. 그것을 발견한 순간, 매번 부정적으로 반응하여 '이건 운명이야!' 라며 팔자 탓을 하거나 '포기할 수밖에 없어.' 라며 스스로 합리화해야 할까? 전혀 그렇지 않다. 실수로 잘못 찍힌 점은 오히려 우리가 살아 있다는 표시이고 무언가를 하고 있다는 증거일 뿐이니까. 다른 것을 통해서 새로운 것을 배우면 되고 부정적인 상황 따위는 긍정적인 자극제로 전환시키면 그만이다. 우리는 이미 그런 능력을 충분히 가지고 있는 의지의 인간들이 아닌가.

내가 나를 믿어야 세상도 나를 믿어준다 ••

이런 이야기를 하고 있는 나 역시 부정적인 자극에 부정적으로 반응하는 스스로를 발견할 때가 종종 있다. 그러나 여러 가지 경험을 통해서 그것을 긍정적인 것으로 바꾸는 나만의 방법과 장치를 찾아내고 만들어내게 되었다. 그것을 '자신감 부족'이라는 긴 망설임과 주저 끝에 내놓은 것이 이 책이다.

우리는 살아가면서 가장 먼저 '무엇을 할 것인가'를 결정해야 한다. 어떤 직업을 선택할 것인지, 어떤 행동을 취할 것인지를 먼저 결정해야만 인생의 여러 갈림길에서 내가 원하는 것을 주도적으로 선택할 수 있다. 선택하지 않으면 '무언가'로부터 선택당하고 이용당할 수밖에 없다. 그리고 결국에는 그 '무언가'가 자신을 증명하는 데 사용하는 도구로 전락한다. 눈치 챘는가? 여기서 그 '무언가'는 바로 우리들이 흔히 얘기하는 '운명'이다.

지구별에 인간으로 태어난 이상 우리는 자신이 무엇을 할 것인지를 주도적으로 결정해야 하며, 그것을 선택하고 결정하게 된 자기만의 이유를 가져야 한다. 그것이 바로 인생을 주도적으로 사는 의미이기 때문이다. 부정적인 자극을 긍정적인 반응으로 바꾸는 프로세스는 바로 그 이유를 고민하는 것에서부터 출발한다. 내가 왜 부정적인 반응을 보이고 있는지 생각하다 보면 자신의 참모습을 발견하게 되고, 세상을 향한 다양한 시각까지 확보할 수 있다. 우리는 그 기회를 이용해서 무엇을 할 것인지 결정하기만 하면 된다.

사람들이 주도적으로 살지 못하고 '운명'이라는 그 누군가의 손에 놀아나는 이유는 크게 두 가지로 압축할 수 있다. 첫째는 결심을 행동으로 옮기는 데 게으르다는 것이고, 둘째는 자기 스스로를 똑바로 바라보는 것을 두려워한다는 것이다. 자신을 정확하게 볼 수 있다면 자신을 통해서 다른 사람도 꿰뚫어볼 수 있다. 그리고 나를 통해 다른 사람을 볼 수 있으니 세상도 읽을 수 있다.

오늘도 여러분은 상사들이 던지는 핀잔이나 고객들의 욕설, 가족들의 잔소리 같은 부정적인 자극을 접수해야 했을지도 모른다. 어쩌면 책을 읽고 있는 지금 이 순간에도 '책이 왜 이렇게 재미도 없고 딱딱하지?' 라는 부정적인 생각에 사로잡혀 있을지도 모르겠다. 그러나 명심해야 할 것은 그렇기 때문에 우리가 이 순간 함께 고민해야 한다는 것이다. 그렇지 않으면 우리가 무언가를 배우고 생각하고 고민해야 할 이유가 없지 않겠는가. 여러분이 이 책을 읽고 있다는 것만으로도 충분히 발전할 가능성은 있으며 마음을 열고 받아들이는 것이 그 시작이 될 것이다. 자신의 마음속에 내재된 의지라는 힘을 적절히 사용하고 행동으로 옮기는 연습을 시작하자. 그것만으로도 벌써 새로운 인생은 시작되었다. 우리는 행복해야만 하고 그렇게 할 수 있다. 행복은 벌써 시작되었다.

이 책의 존재 이유는 독자들에게 어떻게 하면 부정적인 자극에 대한 반응을 긍정적인 것으로 바꿀 수 있는지 구체적으로 알리는 것이다. 내가 발견한 여러 가지 방법과 효과적인 노하우를 이 책의 모든 페이지에서 펼쳐 보여줄 것이고 그것을 실천하는 일이 그다지 어렵지 않다는 사실을 알려줄 것이다. 그리고 긍정적이든 부정적이든 자극에 대한 반응은 단지 생각의 차이에서 기인할 뿐이라는 사

미치도록 나를 바꾸고 싶을 때

실도 증명해보일 것이다. 또한 원하는 것을 얻을 때까지 자극을 긍정적으로 만들어내고 생산적으로 이용하는 방법들도 소개할 것이다. 이런 과정을 통해서 우리는 변화하고 성장할 것이라는 사실을 믿어 의심치 않는다.

자극의 순간들

우리가 경험하는 모든 것은 상대적이다. 그래서 원수와 마주하는 1분의 시간은 너무나 길게 느껴지고, 사랑하는 사람과 함께하는 하루는 너무나 짧게 느껴진다. 이렇게 우리인식의 상대성은 우리가 직면한 상황에 있는 것이 아니라 그 대상을 내가 좋아하는가 하는 점에 의존한다.

- 남의 흰머리는 조기노화의 징조이고, 나의 흰머리는 지적 연륜의 상징이다
- 남이 하면 불륜이고, 내가 하면 로맨스다.
- 남이 은둔하면 세상으로부터 버림받은 것이고 내가 은둔하면 내가 세상을 버린 것이다.
- 남들이 빨리 운전하면 미친 짓이고 내가 빨리 운전하면 바쁜 일이 있는 것이다.
- 남이 뜻을 굽히지 않는 것은 고집이 세기 때문이고 내가 뜻을 굽히지 않는 것은 강직하기 때문이다.
- 남이 한 우물을 파면 우울 안 개구리이기 때문이고 내가 한 우물을 파면 전문가이기 때문이다.

이렇게 우리는 우리를 너무나 사랑한다.

액션 – 시도하지 않는 것이 자신을 부끄럽게 한다

이건 싫고, 저건 짜증나고, 요건 귀찮고, 조건 못마땅한가?
잘하든 못하든 시도하지 않는 것은 자신을 부끄럽게 만든다.

우리는 '안전함'을 고수하기 위해 새로운 것을 시도하려 하지 않는다. 그러나 무언가 새로운 것들을 시도하지 않으면 우리는 결코 안전할 수 없다. 아무것도 하지 않는다는 것은 전혀 안정적이지 않다. 오히려 우리를 벼랑 끝으로 몰고 가는 마취제와 같다.

우리가 안전하기 위해 아무것도 하지 않으려고 하는 이유는 꼭 해야만 하는 이유를 가지지 못했기 때문이다. 그리고 무언가를 하기 위해 움직일 때보다 그냥 지금 이 자리에 머무를 때 몸과 마음이 훨씬 편하기 때문이다. 우리는 스스로에게 진통제와 마취제를 놓으

미치도록 나를 바꾸고 싶을 때

며 나는 건강하다고 다짐하는 자기 최면가에 불과하다. 마취제로 건강을 지킬 수는 없지 않은가.

무언가를 잘하지 못하는 것이 부끄러운 것이 아니라, 해보려고 시도조차 하지 않는 것이 부끄러운 것이다. 못하는 사람이야 배우고 연습하면 잘할 수 있지만, 배우거나 연습하려 하지 않는 사람은 죽을 때까지 잘할 수 있는 기회조차 얻지 못한다. 스스로를 부끄러워해야 마땅하다. 다가올 긴장감이 두렵고 행동하기도 귀찮다는 이유로 스스로를 포기하는 것은 가장 부끄러운 일이기 때문이다. 로고테라피의 창시자 빅터 프랭클은 우울증에 관한 재미있는 일화를 들려준다.

"우울증은 꼭 해야 할 창조적인 일을 발견하지 못했기 때문에 생기는 병이다. 어떤 화가가 자살하려고 가스 밸브를 올리려는 순간, 조금 더 손을 대야 하는 그림이 눈에 띄었다고 한다. 그는 완성되기를 기다리고 있는 그림을 그냥 놓아둘 수가 없어서 자살하려던 생각을 버리고 그 그림의 마지막 손질을 했다."

이처럼 자신의 일에 대한 의지와 행동력이 우울과 권태에서 우리를 해방시켜준다. 새로운 것을 하는 사람들은 긴장한다. 실수할까 봐 걱정되기도 하고, 자신이 정말 그것을 잘 해낼 수 있을까 하는 불안감과 근심도 견뎌내야 한다.

물론 자신이 그것을 할 수 있는 능력이 없다는 사실을 안다는 것은 무척 고통스러운 일이고, 혼자만 아는 것도 괴롭고 힘든데 남들에게까지 공개해야 한다는 사실은 더더욱 참을 수 없는 일이다. 우리는 무엇인가를 잘하지 못하는 것을 남에게 들키면 부끄럽다고 생각한다. 그 부끄러움을 피하기 위해 노력한다는 것이 겨우 그것을 하지 않겠다고 결심하는 것이다.

안 하려는 것이 문제다● ●

우리는 어떤 것을 잘하지 못하는 것은 부끄러운 것이라고 배웠다. 하지만 사실은 잘 못하는 것이 부끄러운 것이 아니라, 하지 않으려고 하는 것이 부끄러운 일이다. 옆에 울고 있는 아이가 있다면 아이를 달래줘야 한다. 아이를 달래본 적도 없고 달랠 줄도 모른다는 이유로 울고 있는 아이를 가만히 내버려두는 것은 비인간적인 일임에 분명하다. 그는 스스로를 부끄러워해야 한다. 아이를 달래본 적은 없지만 아이의 울음을 그치게 하기 위해 작은 노력이라도 기울이는 사람은 부끄러워할 필요가 없다. 설사 아이가 더 크게 울음을 터뜨린다고 해도 그는 비난이 아니라 오히려 격려를 받아야 한다. 자신의 인간적인 의무를 다하려고 노력했기 때문이다. 이렇듯 당연히 해야 하지만 잘하지 못한다는 이유로 피한다는 것은 부끄러운 일이다.

담배를 끊어야 한다는 사실을 알면서도 끊지 못하는 것 역시 부끄러운 일이다. 또 금연구역에서 담배를 피우면 안 된다는 사실을 알면서도 담배피울 장소가 마땅히 없다는 이유로 다른 사람들을 간접흡연의 피해자로 만드는 것도 부끄러운 일이다.

귀찮다고 생각해서 그 일을 하지 않으면 정말 귀찮아진다. 처음에는 별것 아닌 것이었는데 나중에는 엄청나게 큰 덩어리가 되어 자신의 힘으로는 도저히 통제할 수 없게 된다. 그제야 처음에 움직이지 않았던 것을 후회하게 된다.

도를 넘으면 도가 아니다 ● ●

나는 친구들이나 동료들, 혹은 일로 만나게 된 사람들과 술자리에서 어울리더라도 밤 11시를 넘기지 않으려고 노력한다. 11시 이전에 집에 들어가야 아이들이 잠드는 모습을 지켜볼 수도 있고 편하게 잠자리에 들 수 있으며 다음날의 일에도 영향을 받지 않을 수 있기 때문이다. 그런데 어떤 사람들은 하나를 보면 열을 안다는 이유로, 술도 끝까지(?) 먹어봐야 한다고 주장한다. 가끔 그것을 다른 사람들에게도 강요하기도 한다. 그들이 그것을 강요하는 이유는 다름 아닌 자신이 술을 마시고 싶기 때문인데도 엉뚱한 논리를 갖다 붙이곤 하는 것이다. 한때 우리사회에는 술을 끝까지 먹는 사람이 일도 잘한다고 생각하는 상사들이 있었다. 과연 그럴까? 그것은 자기만의 깡통철학일 뿐이다. 그런 사람은 만약 자신이 술을 좋아하지 않게 된다면 '밤늦게까지 술을 마시는 것은 다음날 일에 지장을 주는 바보 같은 사람이나 하는 짓'이라고 말을 바꿀 사람임이 분명하다.

물론 기분 좋은 자리이고 그 자체가 의미 있는 것이라면 충분히 오랜 시간 남아 같이 술을 마실 수 있을 것이다. 고난을 같이 했던 오랜 친구를 만났거나 마음이 맞는 사람과 삶에 대한 진솔한 이야기를 펼치는 곳에서는 누구도 자리를 뜨려 하지 않을 것이다. 하지만 그런 순간조차도 술이 과하게 되면 오히려 부정적인 결과가 생기는 경우가 많다. 그런 사태가 생기기 전에 헤어지는 것도 만남의 기술이다.

"선생님은 왜 11시만 되면 꼭 숙소에 들어가시나요?"

가끔 듣게 되는 질문이다.

"저는 자기계발에 관한 책을 쓰고 강의를 하는 사람입니다. 제 책에는 부정적인 것에 중독되지 말고 열심히 살라는 말이 수없이 반복되고 있죠. 제가 하는 강의도 마찬가지구요. 그래서 가는 것입니다. 술은 지나치게 마시면 부정적인 요소가 강해지거든요. 기분 좋을 때 일어나는 것이 제가 가진 술 마시는 기술입니다."

"그래도 더 여쭤보고 싶은 것들이 많은데 좀더 있다가 가시죠."

"담당자님도 제 책을 읽고 좋은 느낌을 받았다고 하셨죠? 그렇다면 제가 제 책의 내용과 다르게 밤늦게까지 술을 마시고 만취 상태로 다닌다면 과연 어떤 생각이 드시겠습니까? 전문가인 것처럼 말하면서 행동은 정반대인 사람의 책을 누가 인정해줄까요? 제 책과 강의는 읽고 듣는 분들에게 펼치는 제 주장이기도 하지만 그것은

미치도록 나를 바꾸고 싶을 때

저와의 약속이기도 합니다. 저는 그 약속을 지키려고 노력해야 할 의무가 있습니다."

내가 이렇게 술 마시는 기술을 사용하게 되면서 달라진 것이 있다. 좀더 일찍 집에 들어가서 가족들과 대화를 하거나 숙면을 취할 수 있게 되었고 그것이 술을 마시는 것보다 훨씬 좋아졌다는 것이다.

술을 마시다 보면 자기도 모르게 오버(?)하는 순간이 있게 마련인데 그 도를 넘으면 술이 부정적인 자극을 낳는 경우가 많다. 간혹 "저 사람과는 같이 술 못 마시겠군." 하는 생각이 드는 사람을 만나기도 하니까 말이다. 술을 마시고 한 번 실수를 하면 인간적으로 보인다. 하지만 두 번 실수하면 의심하게 되고, 세 번 실수하면 추하게 보이며, 네 번 실수하면 다시는 만나고 싶지 않은 사람이 된다.

자극의 순간들

어느 스포츠 심리학자는 "승부욕은 자극받은 상태와 같다. 적절한 강도의 긴장은 승리에 상당한 도움이 된다."고 했다. 자신에게 긴장과 압박을 가함으로써 게임에서 능력을 최대한 발휘할 수 있도록 만들기 때문이다.

우리의 일상도 똑같다. 스스로 자신에게 약간의 긴장과 자극을 제공하지 못하면 점점 주저앉는 자신을 발견하게 된다. 그래서 스스로와의 약속을 정하고 지켜나가려는 노력이 중요한 것이다.

스스로 자신과 약속했던 것들을 떠올려보자. 기왕이면 한번 적어보자. 자신과의 약속을 기록해보는 것은 의지를 강화시키는 좋은 방법이다.

습관 - 좋은 습관을 만드는 기술과 의지

습관은 기술과 의지가 만나 완성된다.
그리고 그 버릇이나 습관은
치밀하게 프로그래밍 되어서 몸에 고스란히 남는다.

악마들이 모여서 인간낚시 대회를 열었다. 그 대회에서 1등을 차지한 악마의 바구니에서 무수히 많은 인간들이 쏟아져 나오자 다른 악마들이 놀란 눈으로 그에게 물었다.

"아니 도대체 어떤 미끼를 썼기에 인간을 이렇게 많이 낚을 수 있었소?"

"간단해요. '너는 이미 늦었어. 그러니 포기해.' 라는 미끼를 사용했다오."

"아니, 그게 그렇게도 효과가 좋은가요?"

미치도록 나를 바꾸고 싶을 때

"그럼요. 인간들은 전혀 늦지 않은 상황인데도 누군가가 옆에서 늦었다고 하면 정말 그렇다고 믿어버리거든요."

좋은 자극을 받으면 발전하고 싶은 욕구가 생기고 원하는 상태에 도달하기 위해서 노력해야겠다는 결심이 생긴다. 대학 시절 친구들은 내 자취방에 올 때마다 책장에 빼곡하게 꽂혀 있는 책들을 보고 자극받곤 했다. 자기도 책을 읽어야겠다는 욕구가 생겼다며 멋지게 책을 꽂아놓은 모습이 너무 부러웠다는 것이다. 결심을 즉각 행동에 옮기는 친구들도 있었는데, 바로 다음날 이러이러한 책을 샀다면서 나에게 보여주기도 했다. 물론 대부분은 그것으로 끝이었고 책장을 근사하게 장식할 만큼 많은 책을 사서 읽는 친구는 거의 없었다. 책 읽는 습관이 없으니 꾸준히 책을 읽는 게 쉬울 리가 없었을 테고, 책을 읽지 않으니 책도 늘지 않아 책장을 꾸미는 일도 불가능했던 것이다.

책을 읽는 것은 습관이 되어야 잘할 수 있다. 책 읽기가 습관으로 자리 잡은 사람들의 경우 손에 책이 없으면 불안하고 초조하며 왠지 허전하다. 늘 곁에 있던 것이 없으니 허전함을 느끼는 것은 당연하다. 이것이 바로 습관의 힘이다.

무엇이든 습관이 되면 쉽게 할 수 있다. 서예가들은 쉽게 글을 쓰는 것 같아 보이고, 화가들은 쉽게 그림을 그리는 것 같아 보이며, 기술자들은 쉽게 기계를 고치는 것처럼 보인다. 습관이 되었으므로

3부 나를 바꾸는 열다섯 가지 키워드

특별히 의식적인 노력을 하지 않아도 잘 할 수 있는 것이다. 습관에는 기술이 포함되어 있다. 그리고 그 기술이 몸에 배도록 하기 위해서는 의지가 수반되어야 한다. 결국 습관이라는 것은 '기술'과 '의지'가 결합되어야 만들어질 수 있다.

쉬운 예로 컴퓨터 키보드를 두드리는 일에 대해서 생각해보자. 아마 다들 그랬겠지만 맨처음 키보드를 두드릴 때는 어느 글자 키가 어디에 있는지 눈으로 확인하면서 쳐야 한다. 일명 독수리 타법의 시작이다. 여러 개의 손가락을 사용하는 것이 아니라 한두 개 손가락만 사용해서 100개도 넘는 자판을 두드린다. 하지만 숙달되도록 연습하게 되면 손가락 열 개를 모두 사용해서 아주 빠르게 모니터에 글자를 새길 수 있게 된다.

나도 처음 컴퓨터를 배우면서 자판을 두드리는 게 너무나 힘들고 고통스러웠다. 너무 느리고 굼뜬 내 손가락에 화병이 날 지경이었다. 얼마 후 타자연습을 시켜주는 프로그램이 있다는 사실을 알고 그 프로그램을 이용해서 연습을 시작했다. 처음에는 1분에 30타 정도를 쳤던 것 같다. 하지만 하루 30분씩 꾸준히 연습한 결과 300타 정도를 칠 수 있었다. 그러고는 타자 치기에 재미가 붙어 나중에는 700타까지 타수가 올라갔다. 물론 이제는 타자연습을 하지 않는다. 머릿속의 생각을 말로 표현하는 대신 손가락을 이용해서 모니터에 인자하는 습관을 가지게 되었기 때문이다.

자판을 보지 않고 원하는 글을 자유자재로 칠 수 있는 것은 일종

미치도록 나를 바꾸고 싶을 때

의 기술이다. 열 개의 손가락을 모두 사용해서 의식하지 않고 머릿속에서 떠오르는 단어들을 칠 수 있다는 것이 기술이 아니고 무엇이랴. 이 기술을 습득하기 위해서 나는 의지를 사용했다. 하루 30분씩 마음처럼 움직여주지 않는 손가락들을 탓하면서도 손목이 아프도록 타자연습을 한 것은 '나도 잘하고 싶다'는 의지가 있었기 때문이었다. 그리고 그 의지를 발휘해서 기술을 훈련한 결과 지금은 자판을 보지 않고도 원하는 글을 마음대로 빠르게 칠 수 있게 되었다.

처음 습관을 만들 때는 의지가 중요하다. 하지만 점점 습관이 자리를 잡고 완성되어 갈수록 의지의 힘보다는 기술의 정교함이 더 중요해진다. 그래서 처음 배울 때 제대로 배워야 한다. 제대로 배우지 않으면 엉터리 습관이 되어 나중에 더 애를 먹게 된다. 밤늦게까지 공부를 하고자 하는 학생들은 초저녁에 잠들지 않는 습관을 만드는 것이 중요하다. 이때 공부를 하겠다는 의지는 잠을 쫓을 수 있는 기본적인 에너지가 된다. 그리고 시원한 물을 마시거나 허리를 꼿꼿이 세우고 자세를 고쳐 앉거나 음악을 듣거나 창문을 열고 환기를 시키거나, 심하게는 송곳으로 자신의 허벅지를 찌르는 것까지도 일종의 기술에 해당된다.

처음에는 손가락 두 개로 자판을 두드리는 것이 편하다. 특별한 기술이 필요하지도 않고 그냥 자판을 보고 하나하나 찾아서 누르면 되는 일이니, 매우 수준 낮은 기술이고 특별한 의지가 없어도 할 수 있는 일인 셈이다. 이렇듯 좋지 않은 습관의 경우는 수준이 낮은 기술을 발휘해도 무방하거나 아니면 기술이라는 것이 거의 필요하지 않아서, 의지를 사용할 필요가 없다. 낮은 수준의 기술을 사용한 결과는 독수리타법이다. 반면 좋은 습관은 수준 높은 기술을 필요로 하기 때문에 강한 의지가 요구된다. 높은 수준의 기술을 사용한 결과는 열손가락 타법이다.

다음 날 중요한 일이 있어서 잠들기 전에 '내일은 반드시 5시에 일어나야 한다'고 스스로에게 암시를 주어본 적이 있을 것이다. 그런 경우 대부분은 신기하게도 5시쯤에 실제로 눈이 떠지곤 한다. 그것은 우리의 의지가 몸의 생체시계에 명령을 내렸기 때문이다. 강한 의지가 신체를 자극하여 그 시간이 되면 자동적으로 어떤 행동을 하도록 지시한 것이다. 마음이 아프면 몸도 아프듯이 의지의 힘은 무의식의 영역에까지 영향을 미친다. 그리고 5시에 반드시 일어나야 한다고 자신에게 암시를 주고 의지를 사용하면 그것이 습관이 되어 나중에는 굳이 긴장하지 않아도 그 시간이 되면 저절로 눈이 떠진다. 습관이 되어버린 것이다.

버스에 타기만 하면 곯아떨어지는 사람이 있는데 사실 이것도 일종의 습관이다. 버스에서 잠을 자는 데도 기술과 의지가 동시에 필요하다. 의자 등받이에 희한한 각도로 머리를 기대고 잔 덕분에 완벽한 까치집을 짓고 돌아다니고 싶지 않다면, 머리를 기대지 않고도, 혹은 기대더라도 흔적이 남지 않도록 하는 절묘한 기술을 익혀

미치도록 나를 바꾸고 싶을 때

야 하는데 그것 역시 나름대로 고도의 기술이다.

물론 이때 의지도 동시에 필요하다. 극도로 피곤한 경우라면 자기도 모르게 잠들 수 있겠지만 일반적인 경우엔 사람이 많은 곳에서 그렇게 편안하게 숙면을 취하기란 쉬운 일이 아니다. 버스에서 잘 자는 것도 잠을 '자야겠다'는 의지와 '잘' 자야겠다는 기술이 결합되어 만들어낸 습관이라는 사실을 이해한다면 더 좋은 습관을 만들 수 있지 않을까싶다.

좋은 습관을 만들기 위해서는 기술과 의지를 동시에 사용해야 한다. 의지력은 강하지만 그것을 뒷받침해줄 만한 좋은 기술을 배우지 못한 사람은 몸을 혹사시킬 수도 있다. '해도 해도 안 되더라' 하는 사람들이 그렇다. 머리가 나빠서 손발이 고생하는 경우인데, 더 정확히 말하자면 기술이 없어서 의지가 혹사당하는 것이다.

반면 좋은 기술은 가졌지만 그것을 실현시킬 의지가 약한 사람은 게을러서 실패하는 경우가 많다. 방법도 알고 길도 눈에 빤히 보이는데 의지가 박약하니 유혹을 뿌리치지 못하고 자꾸만 더 쉽고 더 편한 것에 마음을 빼앗긴다. 결국 오래 버티지 못하고 포기한다. 이런 사람들에게 부족한 것은 기술이 아닌 의지다.

아내의 알람시계는 아침 6시가 되면 어김없이 울린다. 그런데 옆에서 살펴보니 아내는 항상 6시 30분에 일어나는 것이었다. 6시에 일어나기 위해서 알람시계를 맞추어 놓았음에도 불구하고 6시 30분에 일어나는 습관이 생긴 이유는 무엇일까?

6시에 일어나기로 결심한 첫날, 아내는 정말 6시에 일어났다. 그리고 6시부터 일어나 푸닥푸닥 준비를 해보았더니 시간이 약간 남는다는 것을 알게 되었다. 다음 날 아침, 어제의 경험을 떠올리며 알람이 울린 후에도 '조금 더 자도 괜찮겠지' 하는 생각이 들자 알람시계를 눌러 끄고는 다시 엎드려 잠을 잤던 것이다. 그러고는 깜짝 놀라서 눈을 떠보니 원래 목표로 했던 시간보다 30분이나 경과되었고 매일 그 과정이 반복되자 아예 6시 30분에 일어나게 된 것이다. 알람을 끄고 다시 자는 것도 습관인 모양이다.

양심 – 가장 중요하고도 강력한 자극제

자신과의 싸움은 곧 양심과의 싸움이다.

"독특한 상황에서 숨겨진 의미를 찾아낼 수 있는 인간의 능력은 바로 '양심'이다." 정신의학자 빅터 프랭클Victor Frankl의 말이다. 이 말이 도대체 무슨 뜻일까?

호메로스의 대작 《일리아드Iliad》에는 불세출의 영웅 아킬레우스가 주인공으로 등장한다. 그는 용맹한 사람의 특징인 강한 자존심과 명예욕을 동시에 가졌는데, 그의 운명은 태어날 때부터 이미 다음과 같이 정해져 있었다. "그가 싸움터에 머문다면 목숨을 잃을 테지만 길이 영광을 떨칠 것이고, 그가 만일 싸움터를 떠난다면 길고 만족스러운 삶을 살겠지만 어떤 시인도 그의 삶을 노래하지는 않으리라."

이 말은 트로이 전쟁에서 끝까지 싸운다면 영광스럽게 죽게 될 것이지만, 칼을 거두고 고향 그리스로 돌아간다면 목숨을 보전하고 오랫동안 살기는 해도 명예는 얻을 수 없을 것임을 암시하는 예언이었다. 결국 아킬레우스는 용감한 전사로 남아 명예롭게 삶을 마감한다.

이 구절을 읽는 사람들은 어떤 자극을 받을까? 아마도 자신의 삶에 대입시켜보고 자신이라면 어떤 선택을 할지 생각해볼 것이다. 지금 여러분이 하고 있는 일이 위기에 처했을 수도 있다. 그리고 이 일을 완수하기 위해 끝까지 책임을 지고 밀고 나간다면 일이 실패하게 되었을 때 당신도 손해를 보게 될 것이 뻔하다. 하지만 사람들은 끝까지 최선을 다한 사람이라고 여러분을 칭송할 것이다. 대신 지금 손을 떼고 물러난다면 경제적인 손해를 보지는 않겠지만 누구도 여러분에 대해 좋은 이야기를 하지는 않을 것이다. 아킬레우스와 같은 상황이다.

이런 경우는 얼마든지 있다. 사실 우리가 하고 있는 대부분의 일들이 그렇다. 예를 들어 내 일도 바쁜데 동료가 도움을 요청했다고 치자. 동료의 요청을 모른 척하지 않고 끝까지 성실하게 도와준다면 여러분은 정작 자기 일은 못하겠지만 좋은 사람이라는 평판은 얻을 수 있을 것이다. 하지만 반대로 도와달라는 동료의 요청을 들어주지 않는다면 손해 보지 않고 자기 일은 할 수 있겠지만 동료들로부터 좋은 사람이라는 평판을 듣는 것은 포기해야 한다. 이런 선

미치도록 나를 바꾸고 싶을 때

택의 상황에서 대부분의 갈등이 발생한다. 생존경쟁이 심한 곳일수록 전자보다는 후자를 선택하는 사람들이 많아지는 것은 당연하다.

이런 상황에서 가치의 경중을 판단하기 위해 적용시키는 기준이 바로 '양심'이다. 자신의 양심을 끝까지 지켜가려는 사람은 동료를 돕는 쪽을 선택할 것이다. 그리고 자신의 손해를 감수한다. 자신의 손해에 대한 보상으로 양심을 택한다. 그들은 이 상황을 나름대로 알고 있다. 동료를 돕는 일이 궁극적으로 자신의 가치를 높인다는 사실 말이다.

백의의 천사라 불린 나이팅게일은 의사가 환자를 아주 무성의한 태도로 대하는 것을 보고는 병원을 개혁해야 한다고 주장했으며 자신이 직접 희생정신을 발휘해서 병원개혁을 이끌었다. 링컨 또한 똑같은 인간인데 흑인이라는 이유로 노예로 팔려가는 모습을 보면서 양심의 움직임을 느끼고는 노예해방 운동에 뛰어들게 되었다. 살아 있는 모든 순간 진실을 저버리지 않고 정의에 눈뜰 수 있도록 '양심'이 그들을 안내한 것이었다.

《일리아드》에는 이도메네우스라는 크레타의 왕이 등장한다. 그는 그리스군 총사령관인 아가멤논의 동맹자로 트로이의 목마에 들어가 용맹스럽게 싸운 전사였다. 전쟁이 끝난 후 고향 크레타로 돌아가는 길에 거대한 폭풍을 만났는데 그 폭풍을 피하기 위해 바다의 신 포세이돈에게 고향에 닿아 가장 먼저 본 것을 제물로 바치겠노라고 약속한다. 불행히도 그가 고향에 도착해서 가장 먼저 본 사람은 그를 마중 나온 그의 아들이었고 그는 아들을 제물로 바쳐야 했다.

양심이 있는 사람이라면 이 이야기를 듣고 분노할 것이다. 그리고 잠시 이도메네우스가 되어 자신의 불행을 피하기 위해 너무 쉽게 위험한 약속을 해버린 자신을 힐책할 것이다. 양심이 있는 사람은 경험이 가진 의미를 쉽게 찾아낼 수 있다. 솔직하기 때문이다. 솔직한 사람은 사물을 있는 그대로 보고, 있는 그대로 인정할 수 있는 힘이 있다. 그들은 거짓에 눈멀거나 속임수에 흔들리지 않는 영혼을 가지고 있다.

솔직하게 말하는 것이 최선 ● ●

말과 행동과 생각이 온통 거짓으로 가득 찬 사람들은 현실을 외면한다. 현실을 있는 그대로 보고 인정했다가는 교차사격을 받아 너덜너덜한 만신창이가 될 것임을 직감적으로 안다. 그래서 모른 척하거나, 못 들은 척하거나, 화제를 바꾸거나, 더 중요한 것에 가치를 두는 척하면서 세상을 속이려 한다. 하지만 그럴수록 현실과는 거리가 멀어지고 내공도 없이 공중부양을 하려는 형편없는 모습만 남게 된다. 니체는 이렇게 말했다.

"나는 그대라는 인간을 잘 알고 있다. 그대는 모든 사람을 속이는

미치도록 나를 바꾸고 싶을 때

마술사가 되었다. 하지만 그대 자신에 대해서는 어떠한 거짓말도 술책도 통하지 않는다. 자신의 마술에서 풀려났기 때문이다."

마술에서 풀려난 사람이란 어떤 사람일까?

"나는 지쳤다. 나의 연기 때문에 구역질이 난다. 나는 위대하지 않다. 그런 척해봤자 무슨 소용이겠는가! 하지만 그대는 잘 알고 있다. 내가 위대함을 추구하고 있다는 것을…. '나는 위대하지 않다'고 솔직하게 말하는 것, 그것이야말로 그대의 최선이며 그대의 가장 정직한 점으로써 내가 존중하는 것이다."

니체가 정직한 사람을 존중한다고 말한 이유는 바로 그것의 의미를 찾을 수 있을 만큼 깨어 있는 사람이었기 때문이다. 자신에게 좋은 자극을 제공하기 위해서는 솔직해야 한다. 양심을 지키기 위해 노력하고 더욱 성실해지도록 묵묵히 자신을 훈련시켜야 한다. 자기 자신을 참고 견디느라 방황하는 사람들은 자극을 두려워한다. 그들에게 자극은 세상 어떤 것보다도 두렵다.

《서경書經》에 '하늘이 만든 재앙은 피할 수 있어도 스스로 만든 재앙은 빠져나올 수 없다'고 했다. 10년 가뭄이나 대홍수 같은 큰 재난이야 하늘이 만든 것이니 잘 대처하면 피할 수 있지만, 다른 사람들에게 거짓말을 하거나 부도덕한 행위를 저질러 사익을 추구했다면 그것은 스스로 무덤을 파는 것과 같아서 피해갈 길이 없다는 말이다. 하늘이 벌을 주기 전에, 그리고 다른 사람이 그를 파멸시키기 전에, 그는 스스로 무너질 수밖에 없기 때문이다.

자극의 순간들

"솔직히 너 이번 아파트 분양 때 줄서고 싶었지?"

"응."

"그런데 왜 줄 안 섰어?"

"쪽팔려서…."

낙관 – 잘해야만
즐길 수 있는 것은 아니다

불안과 두려움은 의지를 갉아먹고 영혼을 잠식한다.
매일 매일 나는 두려움을 느낀다.
그러나 그 두려움보다 희망이 더 크기 때문에 이렇게 살아간다.

자극은 우리에게 변화의 의지와 함께 불안도 던져준다. 물론 좋은
영화를 보고 나면 나도 주인공처럼 멋지게 살고 싶다는 욕구가 생
긴다. 이런 욕구는 곧 변화하고자 하는 의지로 직결된다. 훌륭한 문
학작품을 읽으면 감동을 얻음과 동시에 행동하고자 하는 열망이 생
기는 것과 같다. 하지만 이런 자극은 자기 삶의 소중한 비전이 되어
중요한 역할을 하기도 하지만 열망과 함께 불안까지도 잉태한다.
잘하고 싶은 욕구, 무언가가 되고 싶은 욕구가 지나치게 강해지면
지금의 자신이 얼마나 불안정한지를 발견하고 실망할 수 있다. 그

래서 지나치게 '잘해야 한다'는 부담감은 오히려 부정적인 반응으로 이어지게 된다. 대체로 자신의 부족함을 발견한 사람들은 다음과 같은 두 가지 갈등에 직면하게 된다.

첫 번째는 '부족하기 때문에 더욱 열심히 노력해야 한다'는 긍정적인 생각이고 두 번째는 '이렇게 부족한 내가 도대체 무엇을 제대로 할 수 있을까?'라는 부정적인 생각이다. 긍정적으로 생각하는 사람들은 무엇이든 도전이라도 해보겠지만 후자의 경우는 도전도 해보기 전에 자기 삶에 대한 불안과 두려움을 재생산해낸다. 부정적인 자극은 실패에 대한 불안을 동반하는 것이다. 되고자 하는 미래의 모습과 현재의 모습 사이에 존재하는 엄청난 갭을 인지하게 되는 것은 엄청난 부정적 자극이 된다.

어느 공무원 단체에서 강연을 할 때였다. 내 경험에 따르면 공무원 조직은 일반 기업체와 비교해서 분위기도 딱딱하고 강연을 듣는 사람들의 반응 역시 시원치가 않다. 그런데 그곳은 예상보다 좀더 심했다. 당시에는 강의를 시작한 지 얼마 되지 않은 초보강사 시절이었기 때문에 이런 교육생들의 무반응은 큰 부담으로 다가왔다. 잘해야 한다는 부담감에 교육생들의 무반응까지 겹쳐지면서 불안해지기 시작했다. 나도 모르게 목소리가 높아지고 나오지 않아도 될 액션까지 넣어가면서 열성을 다했지만 그럴수록 교육생들의 반응은 냉담해져갔다. 분위기가 개선될 여지가 없어 보이니 말도 빨라지고 원칙만 강조하는 부분도 많아졌다. 그렇게 기를 쓰고 목소리만 높이다 보니 시간은 다 가고 강연은 끝나버렸다. 돌아오는 길에 그날의 강연을 되돌아보며 소회를 기록한 흔적이 있다.

"무대에서 1인극을 하고 나온 느낌, 나는 도대체 무엇이 그렇게 불안했을까?"

지금 생각해보면 그 강연을 실패로 만든 것은 바로 나 자신의 조바심이었다. 잘해보겠다는 의지가 교육생들의 무반응이라는 현실적 장벽에 가로막히면서 나는 불안해졌다. 그리고 그 불안을 해소하기 위해 목소리를 높였던 것이었다. 내용은 재미가 없는데 소리만 높인다고 반응이 좋아질 리 없었고 결국 강의는 아무런 성과 없이 끝나고 말았다. 그냥 조곤조곤 내 이야기를 했더라면 훨씬 효과가 좋았을 것이 분명했다. 그 후 많은 경험을 거치면서 무심코 던지는 조용조용한 말에도 청중들은 자신을 발견한다는 사실을 알게 되었다. 사람의 마음을 움직이는 것은 큰 목소리가 아니라 작은 교감이었다. 너무 잘하겠다는 욕심은 불안을 부르고 나의 불안은 상대방까지 불안하게 만든다. 결국 너무 큰 기대가 불안을 낳고 그 불안은 기대에 못 미치는 결과를 낳는다.

불안은 미래에 대한 예측가능성이 없는 상황에서 자신에 대한 불신이 강할 때 나타난다. 그런 상황에서 자신이 통제할 수 없는 외부 자극이 들어온다면 불안과 두려움은 극대화된다. 그리고 극단적인 두려움은 저항과 분노를 낳는다. 문제는 이런 불안과 두려움이 우

리의 의지를 잠식하고 행동할 수 있는 힘까지 빼앗아간다는 것이
다. 그래서 불안은 변화와 발전의 방해물이 된다.

다음은 어느 독자의 이메일이다.

"저는 취업시험을 준비하고 있는 학생입니다. 저는 어떤 회사의 1
차 서류전형에 원서를 넣었는데 그 후로는 도저히 공부가 되지 않
아서 걱정입니다. 선생님께 이렇게 메일을 드리는 이유는 혹 도움
을 받을까 싶어서입니다. 그 회사는 서류전형을 엄격하게 하는 것
으로 유명한데 제가 1차를 통과할 수 있을지 없을지도 모르겠고, 지
금은 저에게 좋은 기회가 오지 않을 것 같다는 생각도 듭니다. 그래
서 다른 쪽을 알아볼까 하는 생각도 들고…. 아무튼 이런 저런 이유
때문에 머리가 복잡해서 도저히 공부에 집중할 수가 없습니다. 저
는 어떻게 하면 좋을까요?"

두서없는 그의 메일을 보기만 해도 그가 얼마나 안절부절못하고
있는지 느껴질 정도였다. 우리의 미래가 그의 고민과 다를 바 없다
는 생각도 들었다. 이미 오지도 않은 미래를 두고 불안해하며 미리
포기하는 사람이 있는가 하면, 반대로 미래는 아직 오지 않았으므
로 열심히 노력하면 더 멋지게 만들 수 있다는 확신을 가지고 사는
낙천적인 사람이 있다.

미래에 펼쳐질 자신의 모습을 상상해보는 것은 충분한 자극제가

될 수 있다. 이때 노력해도 실패할 것 같다는 생각이 든다면 그것은 좋은 자극제가 아니다. 가능성을 닫아버리고 지금 가지고 있는 것마저도 충분히 활용하거나 누리지 못하도록 만들기 때문이다. 1차 서류전형에 합격할 수 없을 것이라고 생각하는 사람이 2차 필기시험 공부를 어떻게 열심히 하겠는가.

불안과 걱정은 의지를 갉아먹는다. 반면 그 불안과 걱정이 아예 없다면 위기의식도 생기지 않을 뿐더러 변화해야 할 이유도 없어진다. 근거 없는 낙관주의에 빠져 있는 사람들은 불안이나 걱정이 없다. 때문에 자신의 배가 얼마나 안전한지 점검해볼 생각도 하지 않고, 배에 물이 스며들어도 알지 못한다. 불안과 걱정을 당연한 것으로 받아들이면서도 자신감을 갖고 지금 해야 할 일을 묵묵히 하는 것, 이것이야말로 최선의 불안관리법이다. 불안에 잠식당하는 사람들이 긍정적인 결과를 낳는 경우는 드물다. 그렇다면 어떻게 해야 불안을 극복하고 발전적인 자극으로 관리할 수 있을까?

잠시 부끄러우면 그뿐이지 뭐 • •

"내가 과연 할 수 있을까?", "실수하면 어쩌지?", "회사에서 잘리면 어쩌지?"… 등등 이런 의문은 불안을 자극한다. 사람들은 이런 질문을 받으면 걱정과 불안, 두려움이 교차하면서 몸이 떨리고 에너지가 방전된다. 자신이 아무것도 할 수 없는 사람이라는 생각이 들면서 본능적으로 맞닥뜨려야 할 목표와는 반대 방향으로 마음이 움직인다. 술, 담배, 게임, 도박처럼 쉽게 접근할 수 있고 아주 조금만 집중력을 발휘하면 현실을 잊을 수 있는 것들에 빠지는 것이다.

불안한 상황에서는 절대 자신에게 "내가 할 수 있을까?"라는 질문을 던져서는 안 된다. "내가 할 수 있는 게 뭐지?", "무엇을 하는 게 좋을까?"와 같이 '행동'에 집중하는 질문을 던져야 한다. 그래야 추상적이고 막연한 걱정에 빠지지 않고 할 수 있는 일에 집중하게 된다. 아무리 작고 사소한 것이라 해도 그것을 할 수 있다는 생각 때문에 걱정과 불안을 떨쳐버릴 수 있다. 행동은 그 자체가 힘이기 때문이다.

그리고 가능하다면 예측가능성을 확보해서 내가 상황을 통제할 수 있다는 확신을 가지는 것이 좋다. 예를 들면 최악의 상황을 가정하고 '그래봐야 손해 볼 것은 없어.'라고 생각해버리는 것이다. 프레젠테이션에 실패해도 '잠시 부끄러우면 그뿐이지 뭐'라고 생각해버리는 것과 비슷하다. 만약 있을지 모를 실패를 대수롭지 않게 규정해버리면 불안을 극복할 수 있다. 그리고 이런 규정은 자신과 주위 상황을 통제할 수 있는 자신감을 준다. 자신이 통제할 수 있다고 느끼는 사람들, 즉 주도적인 사람들은 걱정하거나 불안해하지 않는다. 자기 손에서 통제권을 놓아버린 사람만이 불안해한다. 통제권을 쥔다는 것은 통제할 수 있는 부분은 자신이 가진 통제권을 행사

미치도록 나를 바꾸고 싶을 때

하고 통제할 수 없는 부분은 아예 자신의 권리영역에서 제외시켜버리는 것을 의미한다. 인간의 능력으로 할 수 없는 것을 포기해버리는 것도 포함된다.

가토 다이조加藤諦三는 《착한 아이의 비극》이라는 책에서 이 점에 대해 명확히 말해주고 있다.

"아무리 친절을 베풀어도 그것만으로 친근감을 느끼지는 않는다. 친근감을 느끼게 하는 것은 그 사람의 인품이다. 인품은 의도적으로 꾸미고 위장할 수 있는 것이 아니다. 이것만은 어떻게 할 도리가 없다. 그러나 이 '어떻게 할 도리가 없다'는 점을 깨닫기 전에는 여러 유형의 인간관계에 시달리게 된다."

결국 마음에 드는 사람에게 잘 보이기 위해 이것저것 얄팍하게 노력해도 소용이 없다는 사실을 깨닫기까지는 큰 스트레스를 받게 되는 것이다. 자신이 개성 있는 존재라는 것, 그리고 그 자체만으로도 충분히 사랑받을 수 있다는 확신을 가지고 자연스럽게 행동할 때 자기 삶의 통제권을 쥘 수 있고 오히려 사랑받을 확률도 높아진다.

남들도 다 하는데 자네가 왜 못하겠나? ● ●

내가 교육이라는 새로운 분야에 뛰어들게 된 것도 어떤 자극의 계기가 있었기 때문이었다. 나는 유독 앞에 나가서 발표를 할 때면 목

185

소리가 떨리고 긴장하는 버릇이 있었다. 그런 상황이니 남들 앞에서는 '강사'가 된다는 것은 생각조차 해보지 않았었다. 때문에 회사에서 강사를 선발한다는 공고가 나왔을 때도 전혀 관심을 갖지 않았다. 그런데 어느 날 절친한 상사로부터 전화를 받게 되었는데 이런 말을 했다.

"내가 보니까 자네는 사람들에게 좋은 이야기를 해주는 강사 같은 직업이 체질에 맞는 것 같아. 이번 기회에 한번 해보지 그러나."

"네? 글쎄요. 저는 사람들 앞에 나서서 말하는 데는 재능이 없는 것 같아요."

"처음부터 잘하는 사람이 어디 있나. 다 배워서 하는 거지. 그리고 남들도 다 하는데 자네가 왜 못한단 말인가?"

그때 나를 움직였던 것은 '자네는 강사가 체질에 맞는 것 같다' 는 격려가 아니라 '남들도 다 하는데 자네가 왜 못하겠나?' 하는 질책이었다. 그 질책이 자극이 되어 용기가 생겼고 '그래, 다른 사람도 하는데 나도 한번 해보자' 는 오기로 지원하게 되었다. 그 순간이 지금의 나를 만드는 데 아주 중요한 계기가 되었다. 그때 내가 선택했던 자극은 '잘 못하면 어떻게 하지?' 가 아니라 '남들도 하는데 내가 왜 못해!?' 였던 것이다.

자신감이 없는 상태에서 주도성을 발휘하여 무엇인가를 한다는 것이 불가능하다고 생각할지도 모른다. 그러나 꼭 잘해야만 주도할 수 있는 것은 아니다. 우리는 주도만 하고 나머지는 잘하는 다른 사람들에게 맡겨두면 된다. 다른 사람들이 활동할 수 있도록 분위기를 잡고 무대를 만들어주는 사람들이 주위에 얼마든지 있다. 재주는 곰이 부리지만 돈 버는 사람은 따로 있듯이 즐기는 사람이 따로 있고 주도하는 사람이 따로 있을 수 있다. 단지 우리가 '잘해야만 즐길 수 있다'고 오해하고 있을 뿐이다. 두려운 상황에서도 스스로 먼저 하겠다고 선언해버리는 것이 주도하는 방법이다. 그 뒤에 이어지는 상황은 다른 사람들, 잘하는 사람들이 알아서 해줄 것이다. 나는 주도하기만 하면 된다.

불안감을 떨쳐버리고 무엇인가 시작할 수 있는 용기, 그런 용기를 주는 자극이야말로 지금 우리에게 필요한 그 무엇이 아닐까?

자극의 순간들

아이아코카의 자서전에 이런 내용이 있다.

"지난달에는 무슨 걱정을 했었지?

작년에는?

…

그것 봐라. 기억조차 못하고 있잖니.

그러니까 오늘 네가 걱정하고 있는 것도 별로 걱정할 일이 아닌 거야.

잊어버려라. 내일을 향해 사는 거야."

자존 - 사물에 대해서
화를 내는 것은 어리석은 짓이다

한 사람이 홧김에 자신이 기르던 개를 발로 힘껏 걷어찼다. 그날따라 유난히 일이 잘 풀리지 않아서 괜히 개에게 화풀이를 한 것이었다. 아파서 깨갱거리는 개를 보고는 미안한 생각이 들었지만 이미 엎질러진 물이었다. 그런데 그 얼마 후 그가 기르던 개가 우물에 빠지고 말았다. 그는 개를 구하기 위해서 온갖 방법을 다 써보다가 결국 직접 우물 속으로 내려갔다. 그러자 개는 주인이 자신을 구하기 위해서 내려온 것인 줄도 모르고 다급한 김에 주인을 물어버렸다. 화가 난 개 주인은 그냥 개를 우물에 버려두고 나오며 이렇게 말했다.

미치도록 나를 바꾸고 싶을 때

"죽으려고 발버둥치는 녀석 때문에 사서 고생할 필요는 없지!"

많은 사람들이 부정적인 자극의 원인으로 '사람'을 꼽는다. 일보다 사람으로부터 받는 스트레스와 영향력이 훨씬 큰 것 같다. 일은 통제할 수 있지만 사람은 내가 통제할 수 없는 경우가 많기 때문일 것이다.

어릴 때 공부를 잘했는데 자라면서 성적이 떨어진 아이를 둔 부모는 이런 말을 한다.

"우리 애가 머리는 좋은 편인데 친구를 잘못 만나서…."

부모가 아이의 친구까지 통제하기는 어려울 것이다. 좋은 친구를 사귀라고 말해보기도 하지만 아이들이야 자기에게 잘 대해주는 친구가 좋은 친구이니 공부를 잘하던 못하던 별 상관없을 것이다. 부모에게는 공부 잘하는 친구가 좋은 친구지만 아이들에게는 친한 친구가 좋은 친구일 뿐이다. 부모는 친구의 영향력이 어떤지 잘 알고 있기 때문에 친구를 잘 사귀라고 충고를 한다. 하지만 아이들의 귀에는 그런 말이 잔소리일 뿐이다.

사람은 서로에게 주는 영향력이 지대하기 때문에 관계형성에 세심한 주의를 기울여야한다. 게다가 사람에게서 받은 상처의 기억은 잘 지워지지도 않는다. 그 상처가 마음속에서 오랫동안 사라지지 않고 흉터로 남는 경우 그 기억은 선입관이 되고 편견이 된다. 때문에 상처를 준 사람의 작은 결점 하나를 가지고 마치 그것이 그 상대방의 모든 것인 양 부풀려서 말하게 된다.

보통 그런 말의 주어는 '너는', '당신은', '자네는'과 같은 2인칭이고, '항상', '매사에', '언제나' 같은 부사들이 꼭 따라다닌다. "거봐, 당신은 항상 이런 식이야. 설거지만 해놓고 식탁 위는 닦을 줄을 모르잖아. 도대체 왜 그래?", "김 대리, 자네는 왜 매사에 이런 식인가?", "넌 항상 네 맘대로 행동하잖아." 등등. 그래서 주어가 2인칭이고 '항상'과 같은 부사가 따라오는 말들은 조심해서 사용해야 한다.

나 또한 주위 사람들에게 자주 핀잔을 듣곤 한다. 관심사에서 벗어난 영역의 일이라거나 현재 집중하고 있는 분야가 아닌 것들에 대해서는 마치 나사 하나를 빼놓고 다니는 사람처럼 실수를 연발하기 때문이다. 그렇지 않아도 그런 약점 때문에 약간의 콤플렉스를 갖고 있는데, 약점을 감싸주지는 못할망정 또 들춰내서 핀잔을 주곤 하니 인내심이 한계에 달하는 경우 갈등의 상황을 연출하게 되기도 한다. 그래서 《맹자孟子》에서는 '사람의 문제는 남의 스승노릇 하기를 좋아하는 데 있다'고 했던 것이리라.

사람들은 자신에게 맞게 현실을 개조하는 능력이 탁월하다. 그런데 이런 능력이 부정적으로 작용해 작은 실수나 약점을 일반화시키고 왜곡시켜서 자신의 약점을 방어하는 데 이용하기도 하고, 자기가 주장하는 단순한 믿음을 진리라고 주장하기도 한다. 진리이기 때문에 옳다고 주장하는 것이 아니라 자신이 주장하고 있는 것이기 때문에 진리라고 우긴다. 하지만 이런 행동들은 결국 우리를 부정적인 자극의 상황에 처하도록 만든다.

이때 중요한 것은 내 눈에 거슬리는 상대의 약점이나 나의 우월함 역시도 '항상' 혹은 '언제나'가 아니라 '가끔'으로 이해해야 한다는 것이다. 지금 무언가를 모른다는 것은 지금 이 순간 모른다는 것이지 내일도, 모레도 계속 모른다는 것이 아니다. 지금은 모르지만 내일 알게 될 수도 있고 지금은 잘 못하지만 내일은 잘하게 될 수도 있다. 어떤 상황이든 개선될 수 있기 때문이다. 상대방으로부터 나의 약점에 관한 이야기를 들었다면 그 반대의 경우를 상상해보면 된다. 자세한 것을 못 본다는 핀잔을 들었다면 내가 지금 높이 날고 있다는 말이라고 생각하자. 그리하여 낮게 나는 새는 자세히는 보지만 멀리까지 보지는 못한다는 점도 상기할 수 있도록 하자.

주위 사람들은 우리에게 부정적인 자극을 주기도 한다. 이것을 극복하는 방법은 이미 살펴보았지만 여기서 추가로 생각해보아야 할 점이 하나 있다. 사람들은 변화를 주장하는 상대방의 '태도'를 통해서 변화의 성격을 판단한다는 것이다. 자기가 좋아하는 사람이나 건강한 인격을 가진 사람이 주장하는 것이라면 그 주장을 긍정적인 것으로 받아들이지만 그렇지 않은 경우는 반대를 위한 반대를 하게 된다. 그러므로 상대방으로부터 부정적인 자극을 많이 받는 사람은 자신을 되돌아볼 필요가 있다. 자신이 인격적으로 상대방에게 신뢰를 주지 못하고 있는 것은 아닌지를 말이다.

우리 자신이 충분히 강하다면 외부세계로부터 어떤 비난을 받더라도 무시할 수 있다. 마커스 아우렐리우스Marcus Aurelius는 "지식도 지혜도 없는 영혼이 어떻게 지식과 지혜를 가진 영혼을 괴롭힐 수 있단 말인가."라고 탄식했다.

다른 사람들의 비난에 괴로워하지 않으려면 우선 우리 스스로 지식과 지혜를 갖추어야 한다. 결국 우리의 수준이 높아졌을 때 다음과 같은 에우리피데스Euripides의 말처럼 될 수 있을 것이다.

"사물에 대해서 화를 내는 것은 어리석은 짓이다. 사물은 그대가 화를 내는 것조차 알지 못한다." 상대방이 나에게 화를 내고 비난하더라도, 내가 사물과 같이 일여하다면 나는 비난으로부터 자유로울 수 있을 뿐만 아니라 화내고 비난하는 상대방을 어리석은 사람으로 만들 수도 있다.

자극의 순간들

술을 많이 마시는 날은 새벽이 고통스럽다. 심할 때는 밤새 화장실에서 살아야 하는 경우도 있다. 언젠가 한번은 구토가 심하게 났는데 그때 그 고통은 이루 말할 수가 없을 정도였다. 그래서 그 이후로 술을 마실 때도 걱정이 앞섰고 결국 11시 이후에는 절대 술을 마시지 않겠다는 원칙을 세웠다. 덕분에 술을 마시는 횟수도 줄어들었고 12시 이전에는 무사히 집에 들어올 수 있게 되어 다음날도 큰 부담이 없게 되었다.

어느 날 사람들과 대화를 나누던 중 술 이야기가 나와서 주위 사람들에게 경험을 이야기했더니, 그것은 안주가 부실할 때 생기는 현상이라며 술을 마실 때 안주를 든든하게 먹으라고 조언을 해주었다. 마음속으로 정말 그럴 수도 있겠다는 생각이 들었다. 그 후 어떻게 되었을까?

그 조언 덕분에 다시 술을 많이 먹게 되었다.

나눔 – 마음을 열면
외로울 틈이 없다

우리는 모두 한데 모여 북적대며 살고 있다.
그러나 우리는 너무나 고독해서 죽어 가고 있다.

_슈바이처

오래된 노트에 긁적인 기록을 발견했다.

고독과 진한 이야기를 하고 있었다.
친구
사랑
먹고사는 이야기를 했다.
친구가 찾아왔다. 다시
다른 친구 이야기

사랑 이야기
먹고사는 이야기를 했다.
갑자기 고독이 찾아왔다.
내가 물었다.
너, 어디 갔다 왔니?
고독이 대답했다.
난 항상 여기 있었어. 단지 네가 나를 무시했을 뿐.

사람은 누구나 외롭다. 그러나 다른 사람과 있을 때는 외롭다는 생각을 하지 못한다. 사람들이 다른 사람을 찾는 이유는 혼자 있을 때 느끼는 외로움을 이겨낼 자신이 없기 때문이다. 불행하게도 자신의 외로움을 달래주리라 기대하고 만난 사람들이 오히려 자신을 더 외롭게 만든다. 그래서 혼자는 외롭고 둘은 불편하다고 하는 것이다.

우리는 가장 가까운 사람들부터 자신과 비교하려는 경향이 있다. 내가 가진 것과 그가 가진 것을 비교하고, 나의 가능성과 그의 가능성을 비교한다. 그런 비교는 자신의 부족함을 새삼 발견하게 만들고 스스로를 더욱 소외시킨다. 결국 자신을 소외시키는 것은 우리 자신이다.

그럼에도 우리는 끊임없이 세상과 소통하지 않으면 살아갈 수 없다. 인정받고 싶고 소통하고 싶은 것이 인간의 본능이고 욕구이기 때문이다. 인간은 다른 사람들과의 관계를 통해서만 스스로를 확인

195

할 수 있다. 자신의 존재를 확인해주는 것은 다른 사람들이며 그 존재감의 깊이를 결정하는 것은 다른 사람들이 보여주는 반응이다.

내가 무슨 말만 하면 사람들이 웃는다고 하자. 그러면 나는 자신이 유머감각이 있는 사람이라고 생각할 것이다. 다른 사람들이 나에게 이것저것 질문해오는 것이 많다면 스스로를 사고력과 판단력을 갖춘 괜찮은 사람이라고 인식할 것이다. 내 강의를 들은 사람들이 좋은 강의였다는 후기를 많이 올리게 되면 나는 강의능력이 뛰어난 사람이라고 생각하게 될 것이다. 이렇게 우리는 다른 사람들이 우리를 어떻게 생각하느냐에 따라서 자기 정체성의 수준을 결정하게 된다.

그런데 만약 다른 사람이 나를 별 볼일 없는 인간으로 취급한다면 어떤 느낌이 들까? 그 순간 외로움과 비참함에 직면하게 된다. 사회적으로 쓸모없는 인간이라는 느낌을 받았을 때 우리는 참을 수 없는 존재의 가벼움으로 몸부림치게 되며 곧 세상에 나 혼자뿐이라는 외로움의 세계에 직면하는 것이다. 이렇듯 사람들이 외로워하는 것은 놀랍게도 혼자 있을 때가 아니라 다른 사람과 같이 있을 때, 특히 상대방으로부터 부정적인 자극을 받을 때임을 기억할 필요가 있다.

다른 사람이 나를 사랑하지 않는다는 것을 알게 되었을 때, 내가 앞으로 사랑받을 가능성이 없을 것 같다는 두려운 생각이 들 때, 사랑하던 사람이 떠나갔을 때 우리는 외로움에 사로잡힌다. 그 순간이 바로 존재에 대한 부정적인 자극의 순간이기 때문이다. 하지만 이런 외로움을 잊게 해주는 것도 역시 사람이다. 그래서 실연의 외로움을 해결하는 가장 확실한 방법은 새로운 사람을 만나는 것이다. 새로운 사람을 만나서 긍정적인 자극을 얻는 것, 그것이 해법인 셈이다.

나는 사랑받기 위해 태어난 사람 ● ●

그렇다면 외로움이라는 부정적인 자극에 직면했을 때 우리는 어떻게 해야 할까? 외로움은 우울증으로 발전할 가능성이 높다. 그리고 대인기피증이나 세상에 대한 허무주의를 불러오기도 한다. '나 같이 나약한 사람은 살 가치도 없다'는 식의 극단적인 자기 부정으로 이어질지 수도 있다. 그러기 전에 나를 위한 최소한의 해법들을 찾아보는 것, 그것이 지금 우리가 할 일이다.

외로움은 자신이 몰입할 가치가 있거나 창조적인 일을 하고 있지 못하다는 신호 같은 것이다. 사람들과 교류가 거의 없는 사람도 혼자 몰입하고 있는 작업이 있는 경우 외로움을 느끼지 않는다. 아니 그럴 틈이 없다. 이렇듯 우리는 혼자 있을 때 외로운 것이 아니라 바로 의미 있는 일을 하고 있지 않다는 것을 깨달았을 때 외로움을 느낀다. 그리고 이런 외로움은 가치 있는 일을 발견할 때까지는 쉽게 사라지지 않는다. 우리는 무언가를 추구해야만 하는 존재인 것이다.

사별을 했거나 이혼한 경험이 있는 남자들은 외로움을 참기 어려

197

워서 재혼을 한다고 한다. 반면 여성들은 경제적인 상황이 어려워 재혼을 선택하는 경우가 많다는 통계를 본 적이 있다. 여성들보다는 남성들이 오히려 외로움에 더 취약하다는 결론에 도달할 수도 있겠지만, 경제적 문제가 해결된 여성들도 외로움은 참기 어려운 고통일 것이 분명하다. 우리가 확신할 수 있는 것은 남성이건 여성이건 사람은 다른 사람을 필요로 한다는 것이다. 그리고 우리는 마음속에 자리 잡은 외로움이 우리가 선택한 다른 사람들에 의해 치유될 수 있을 것이라고 희망한다. 새로운 사람을 만나고 관계를 형성하여 외로움을 느낄 여유가 없도록 만드는 것이 외로움을 극복하는 길인지도 모른다.

그러므로 외로움이라는 자극이 '나는 아무것도 아니다'라는 부정적인 반응으로 이어져서 우울증 같은 병적인 태도로 발전하도록 내버려둬서는 안 된다. 내 마음에서 전해오는 외로움이라는 신호를 통해 무언가 새롭고 가치 있는 일을 찾을 기회를 모색해야 하며 다른 사람에게 사랑을 베풀고 자신을 개방하여 외로움 대신 사랑과 의미가 자리 잡도록 자신에게 다양한 기회를 주어야 한다. 지난날의 상처와 미래에 다가올 아픔이 두려워 현재를 외면하는 한 우리가 외로움을 긍정적인 자극으로 발전시킬 수 있는 계기는 사라지게 될 것이다.

외로운 사람끼리 만나면 사랑이 더욱 깊어진다는 사실을 인정한다면 세상을 향해 다시 자신을 던질 용기가 생기지 않을까? 언제나 고독이 우리의 등 뒤에서 우리를 지켜주고 있다고 생각하면서….

미치도록 나를 바꾸고 싶을 때

'부처와 돼지' 시리즈로 유명한 고이즈미 요시히로小泉吉宏의 책에 '행복으로의 여행'이라는 카툰이 있다. 주인공 '덜돼지'는 우리에게 깨달음을 전해주기 위해서 온 우리 자신이다.

'덜돼지는 행복을 찾아 몇 년이고 걸어 다녔지만 찾을 수 없었다.

덜돼지는 쉬면서 생각했다.

덜돼지는 행복 찾기를 포기하고 걷는 것을 즐겁게 생각했다.

행복은 걷는 것, 바로 그것이었다.'

인생은 외로운 것이다. 외로움에서 벗어나기 위해 발버둥 칠수록 더 외롭게 느껴질 뿐이다. 외로움을 즐겨라. 인생이 행복해질 것이다. 인생은 외로운 것, 바로 그것이다.

정의와 용기 – 분노의 진정한 피해자는 나 자신이다

분노는 에너지다.
자동차를 목적지로 달리도록 만들기도 하고,
자동차에 폭탄을 싣고 상대에게로 돌진하게 만들기도 한다.

길을 가다가 참외를 파는 트럭을 발견하고는 임신한 아내를 위해 참외를 샀다. 낑낑거리며 들고 왔는데 그 중 2개가 너무 농익어서 먹지 못하게 생겼다. 화가 나서 말했다.

"이런 걸 상품이라고 파는 사람은 뭐하는 사람들이야, 도대체."

화를 내는 나를 보며 아내가 말했다.

"용서하세요. 그 사람은 벌써 멀리 떠났을 텐데 화내는 사람만 손해예요."

미치도록 나를 바꾸고 싶을 때

우리가 조심해서 관리해야 할 반응 중 아주 중요한 하나는 분노라는 녀석이다. 분노는 다른 반응들과는 달리 극단적이라는 점에 주목해야 한다. 그 결과 또한 극단적이기 때문에 분노를 잘 관리하지 못하는 사람은 자신의 삶을 개선하거나 성장시킬 수 없다. 일상에서 분노라는 반응이 자주 일어나는 것은, 분노가 가장 동물적이고 본능적인 반응이기 때문이다. 동물들도 먹고 있는 것을 빼앗으려 하면 분노하며 달려든다. 그리고 이런 분노는 가장 즉각적으로 상대방에게 효과를 끌어낼 수 있다. 그런 면에서 분노는 매력적이다.

우리는 정당한 권리를 침해당했을 때 분노를 느낀다. 정당한 돈을 주고 참외를 샀는데 그 참외가 상했다면 누구나 분노할 것이다. 정상적으로 운전을 하고 있는 상황에서 갑자기 옆 차가 끼어들었다면 화를 내며 경적을 울리는 것은 당연할 것이다. 동료에게 돈을 빌려줬는데 갚지 않는다면 '언제 돌려줄 거지?' 라는 생각에 불편해하다가 결국 다른 일로 그에게 화를 낼지도 모른다. 우리는 우리가 누려야 할 정당한 권리가 침해당했다고 느낄 때 분노한다.

물론 우리와 전혀 관계가 없는 경우인데도 분노를 느낄 때가 있다. 바로 윤리와 도덕 같은 사회적 정의가 지켜지지 않을 때 그렇다. 길에서 울고 있는 아이를 계속 때리는 아버지를 본다면 어떤 생각이 들까? 힘없는 여직원을 구박하는 우악스러운 상사를 보면 어떤 생각이 들까? '뭐 저런 사람이 다 있어?!' 라며 분노할 것이다. 나와는 상관이 없다할지라도 뭔가 올바르게 흘러가지 않는다고 생각할 때 우리는 분노한다. 환경오염물질을 배출한 기업을 보면서 분노하고 중국산 참치에 납덩어리가 들었다고 화를 낸다. 이런 분노는 강한 도덕성의 발현이기에 정신상태가 아직 건강하다는 징조라고 볼 수도 있다. 하지만 이런 분노를 적절히 관리하지 못하면 자칫 해를 부르기도 한다.

이런 분노들은 대부분 외부적인 원인 때문에 발생하는 경우라서, 분노를 표출할 때도 외부를 향하게 된다. 즉 누군가 자신의 차 앞으로 아무런 사인도 없이 끼어들어왔다면 분노의 대상으로 그 운전자를 지목할 것이다. 힘없는 여직원을 구박했던 바로 그 상사에게 분노의 화살을 날릴 것이고, 불량참외를 판 참외장수에게 저주를 퍼부을 것이다. 그러나 아무리 상대방에게 화를 내고 악을 써도 결국 분노의 가장 큰 피해자는 바로 나 자신이다. 이미 떠나 버린 참외장수를 욕해봐야 화내는 나만 손해가 아닌가.

속 태운다고 해서 문제가 해결될까? ● ●

이와는 달리 분노의 원인이 외부가 아닌 바로 자신의 내부에 있는 경우가 있다. 불안이 극도에 달해 두려움이 되고, 두려움이 지나쳐 다른 사람에게 화풀이를 하게 되는 경우가 그렇다. 자신의 두려움을 감추기 위해 다른 사람이나 사물을 공격하는 것이 '분노'라는 형태

미치도록 나를 바꾸고 싶을 때

로 표출되는 것이다. 이때의 분노는 자신을 보호하기 위한 방어기제임과 동시에 자신의 발전을 가로막는 커다란 장애물로 작용한다.

이런 경우 먼저 자기 자신을 용서해야만 한다. 부끄럽고 못난 자신을 감추기 위해서 상대방에게 화를 내는 것은 상대방을 다치게 할 수도 있다는 위험도 있지만 정작 그렇게 함으로써 가장 크게 다치는 사람은 자기 자신이라는 데 있다. 그것은 정반대의 경우를 생각해보면 쉽게 이해할 수 있다.

누군가 여러분에 대해 험담을 하고 다닌다고 가정하자. 그 이야기를 다른 사람에게 전해 들었을 때 여러분은 무척 기분이 상할 것이다. 그리고 그 사람에 대해서 분명 좋지 않은 감정이 생길 것이다. 반면 그 험담을 하고 다닌 사람의 경우는 어떨까? 그는 다른 사람들을 비난하고 다니느라고 정작 집중해야 할 곳에는 집중하지 못하고 있을 것이 분명하다. 아무리 다른 사람 탓을 하고 그들에게 잘못이 있다고 주장해도 지금 당장 자신에게 주어진 문제는 해결되지 않는다. 에너지가 분산되고 스스로 부정적인 자극을 받아서 문제해결력이 감쇠되고 만다. 이처럼 다른 사람을 비난하고 다니는 경우 진정한 피해자는 자기 자신이 된다.

다른 사람을 저주하거나 분노를 표현할 때 우리는 불편함을 느낀다. 행복한 감정들이 사라지고 호흡이 빨라지면서 신경이 곤두선다. 그렇게 분노와 화가 뒤섞인 하루는 엉망진창이 된다. 분노를 터트리며 다른 대상들을 공격하면서 하루를 보내본 사람들은 잘 안다. 오늘 하루를 망쳐버린 것은 자신이라는 사실을. 그리고 그것 때문에 화가 나서 또다시 분노를 터트린다. 이처럼 분노의 악순환 사이클은 끝없이 돌아간다. 우리는 경험으로부터 배워야 한다. 분노는 자신에게 전혀 도움이 되지 않으며, 우리는 잠시 지구별에 놀러온 손님일 뿐 다른 사람들을 공격할 어떠한 권리도 없다는 사실을.

안전이라는 달콤한 유혹 ●●

새로운 것에 대한 도전과 시도가 없는 인생은 한마디로 시시한 인생이다. 이 말에 동의하지 않는 사람은 없을 것이다. 우리 스스로가 너무나 잘 알고 강렬하게 동의하는 것이 바로 '새로운 것에 대한 도전의 중요성'이다. 하지만 그런 생각들은 머릿속에만 있을 뿐 몸을 통해 실현되지 못한다. 좀더 편하고 좀더 안락한 생활을 추구하고 있기 때문이다.

편안하고 안락한 일상에 빠져서 새로운 것에 도전하지 못하는 진짜 이유는 따로 있다. 불안감에서 야기된 두려움이 바로 그것이다. 새로운 것은 이제까지 한 번도 해보지 않았기 때문에, 거기서 무슨 일이 일어날지 예측할 수가 없다. 그래서 두렵다.

인디언 속담 중에 "지금 타고 있는 말이 죽었다는 것을 깨달았다면 그 말에서 곧바로 내려라."라는 말이 있다. 새로운 말로 갈아타야 할 상황이 되어도 그렇게 하지 못하는 경우는 많다. 불안한 마음에 사로잡히면 행동하기보다는 갈등하고 고민만 하다가, 결국 행동할 기회를 놓치기 때문이다. 우리들 대부분은 죽은 말에서 내리기보다 정말로 말이 죽었을까 생각하고, 생각하고 또 생각하는 과정을 반복하는 데 시간을 허비한다. 외부 전문가에 의해 말이 죽었다는 판결이 내려지고 난 후에야 말이 죽었다는 것을 알고 겨우 말에서 내린다. 그러나 그때는 이미 너무 늦다.

우리는 자신이 딛고 선 자리가 '완전히' 사라진 후에야 새로운 것에 도전하려는 경향이 있다. 종말이 눈앞에 보일 때까지 자기를 방치한다. 조금이라도 '무리수'를 두지 않기 위한 것이라고 위안하면서. 그렇게 기다리다 보면 보다 쉽고 편하게 말로 갈아탈 수 있을 것이라고 기대한다. 그러나 그런 상황은 머릿속의 개념일 뿐 현실에서는 일어나지 않는다. 자신의 말만 서서히 죽어갈 뿐이다.

특별함의 비결은 행동 ••

새로운 것에 도전하고 시도하려면 일단 직감을 따르는 것이 중요하다. 실패할 수도 있고 성공할 수도 있다. 어쨌거나 행동을 했으니 성공이든 실패든 결과가 따라온다. 만약 그 결과가 두려워서 아무런 행동도 하지 못한다면 영원히 원하는 것을 얻을 수 없을 것이다. 언제가 더 적당할지 주도면밀하게 분석할 수는 있겠지만, 지나치게 시기만 따지며 머뭇거리다가는 좋은 기회도 그냥 흘려보내게 마련이다. 이때다 싶은 생각이 들 때는 행동으로 옮길 수 있어야 한다.

보통 사람들은 '특별한 사람이기 때문에 그 일이 성공한 것이다.'라고 생각하는 경향이 있다. 그러나 특별한 사람이 특별한 행동을 해서 성공한 것이 아니라, 행동을 했기 때문에 특별한 사람이 된 것이다. 다른 사람들이 행동을 하지 않는 동안에 말이다.

어느 현인은 "하루가 가고 한 해가 가도 절대 흔들려서는 안 되는 두 가지가 있다. 하나는 목표에 대한 지조이고 또 하나는 현실에 대한 지속적인 불만이다."라고 했다. 그의 말처럼 불만은 꼭 필요한 것이다. 지금 자신이 처한 상황에 대해서 불만을 가지고 있다면, 그것이 결국 자신의 발전에 중요한 역할을 할 것이다.

불만을 참고 또 참았던 사람들도 현재의 고통이 극도에 달해 더 이상 참지 못하게 되는 결정적인 순간에는 결국 변화를 선택하고 행동하게 된다. 하지만 그렇게 시작된 변화가 긍정적인 에너지를 반영할 리 없고 올바른 방향으로 나아간다거나 확고하게 제자리를 잡기도 어렵다. 때문에 현실의 불만을 지속적으로 관리해나가야 한다. 즉 불만과 분노를 적절히 조절해서 현실에 안주하려는 마음이 생길 때마다 고삐를 죄고 스스로를 긴장시켜 새로운 것을 추구하도록 노력해야 한다는 것이다.

우리에게 주어진 과제는 두려움과 불편함을 극복하고 새로운 것에 도전할 수 있는 용기와 행동력을 가지는 것이다. 그리고 그 과정에서 우리에게 주어지는 자극들이 변화에 핵심적인 역할을 수행하게 된다.

자극의 순간들

백낙은 말(馬)을 감정하는 데 뛰어난 사람이었는데 하루는 그의 아들에게 명마를 알아보는 방법을 설명해주었다.

"불쑥 나온 이마에 툭 튀어나온 눈, 누룩을 쌓아 놓은 것과 같은 말발굽을 가지고 있어야 한다."

이 말을 들은 백낙의 아들은 이곳저곳을 돌아다니면서 명마를 구하려고 애썼는데, 어느 날 커다란 두꺼비 한 마리를 가지고 와서는 아버지에게 명마를 구했다고 말하며 좋아했다. 두꺼비의 모습이 아버지가 말한 명마의 모습과 같다는 것이었다. 그 모습을 본 백낙은 아들의 어리석음에 할 말을 잃었지만 원래 긍정적인 사람이라 웃으면서 이렇게 말했다.

"이 말은 잘 뛰기는 하겠지만, 수레를 끌지는 못하겠구나."

겸손과 솔직 —
허풍이 심한 사람은 약점이 많다

자기 것이 없는 자는 허풍으로 결핍을 숨긴다.
허풍이 심한 사람은 약점이 많은 사람이다.

"바빠 죽겠어."
"미치겠다. 일이 왜 이렇게 많아?"
"요즘 너무 힘들어. 세상이 나를 갈기갈기 찢으려고 하는 것 같아."

이런 극단적인 말들이 일상에서 흔히 사용되고 있다. 자신의 힘든 상황과 어려움을 표현할 때 사용하는 말들인데, 이런 말들은 보통 상당히 자극적이고 극단적이다. 무언가를 호소하고 싶은데 그것을 알리려면 극단적으로 말하는 것이 효과적이라고 생각하기 때문

미치도록 나를 바꾸고 싶을 때

이다. 사실 남들은 우리의 일에 대해서 별로 관심이 없기 때문에 이런 말들 역시 거의 아무런 소용이 없다. 하지만 우리는 내 괴로움을 강도 높여 말하면 다른 사람들이 알아주고 인정해줄 것이라고 기대한다. 그리고 이런 경우 대부분이 엄살인데, 문제는 그렇게 말하고 다니면 정말 그렇게 된다는 사실이다. 또한 이런 엄살에 강한 사람들은 자신을 드러내는 부분도 강한 용어를 사용한다.

"왕년에 내가 …."
"이건 순전히 내 덕분이야."
"내가 아니었다면 누구도 못했을 일이었지."

엄살이 심한 사람들은 자신의 일을 과대포장 하는 허풍에도 강한 법이다. 그들은 엄살을 피우고 허풍을 떨면서 자기 내부에 숨어 있는 어떤 욕구를 표현하고 있다. 그것은 바로 자신이 가진 부족함, 결핍이며, 그것을 감추고 싶은 마음이다.

멋진 영화를 보고 나면 오랫동안 기억에 남는 장면들이 있다. 주인공이 다 찢어지고 피 묻은 옷을 입은 채로 수십 개의 폭탄이 터져 엉망이 되어버린 건물에서 절뚝거리며 살아 나온다. 이제 막 도착한 경찰차 사이렌 소리 속에서 의미심장한 미소와 함께 던지는 주인공의 멋진 한 마디. "그래도 괜찮은 하루였지?" 고난과 위기에 빠졌던 주인공이 온갖 어려움을 극복하고 던지는 멘트가 이렇게 엉뚱하다.

관객들은 마음속으로 '와~ 멋있다!' 를 외치며 자극받는다. 그리고는 자신의 일상 역시 영화 속 주인공이 살아서 돌아온 전쟁터 같은 곳이라는 사실을 인지하고는 자신도 주인공이 되어 세상을 살아가려 한다.

자기 것이 없는 자, 허풍 떨고 과장한다••

'서시빈목西施矉目' 이라는 말이 있다. 월나라의 절세미인이었던 서시가 가슴을 앓아 눈살을 찌푸리고 있었더니, 그 마을의 추녀가 그녀를 보고 아름답다 여기고는 집으로 돌아와 역시 가슴에 손을 얹고 눈살을 찌푸렸다. 그 꼴이 너무 흉측하여 마을의 부자들은 그녀를 보고는 문을 굳게 잠근 채 집밖에 나가지 않게 되었고 가난한 사람들은 그녀를 보고는 처자를 이끌고 마을에서 달아나버렸다고 한다. 그 추녀는 서시가 눈살을 찌푸린 모양이 아름답다는 것을 알았으나 자신이 눈살을 찌푸리면 어째서 아름답지 않은가 하는 까닭을 알지 못했던 것이다.

유명한 화가가 줄담배를 피우면서 그림을 그리는 장면이 너무나 멋있어서 자신도 줄담배를 피워야겠다고 생각하는 화가지망생이나, 긴 수염을 멋있게 기르고 노래를 부르는 성악가의 모습을 보고는 나도 수염을 길러서 멋지게 노래를 불러야겠다고 다짐하는 젊은 이의 마음도 마찬가지다. 남들의 방법이 좋아 보이는 것은 그에게 그럴 만한 충분한 이유가 있기 때문이다. 남의 것을 흉내 내는 이유는 자기 것이 없기 때문인데, 사람들은 자기 것이 없을 때 과장하거나 허풍을 떤다. 과장과 허풍은 다른 사람들이 자기의 지위나 능력을 높이 평가하고 있지 않다는 사실을 인지했기 때문에 그것을 만회하기 위해서 나오는 행동이다. 혹은 실제로 관심을 받아야 할 동료나 가족들로부터 소외받고 있기 때문에 억지로라도 자신을 드러내서 관심을 유도하기 위한 일종의 보호본능이다.

하지만 과장이나 허풍은 상대방에게 부정적인 자극이 되는 경우가 많다. 사람마다 살면서 경험했던 것들은 모두 다르게 마련이지만 여러 경험을 하다 보면 공통적인 인식을 얻게 된다. 그런데 그것들 중에 하나가 '자신이 부족할 때 허풍을 떤다' 는 것이다. 사람들은 다른 사람이 허풍을 떨 때 그에게 무언가가 부족하다는 사실을 직감한다. 단지 모른 척할 뿐이다. 내가 과장하고 허풍떨 때 사람들은 마음의 문을 굳게 잠그거나 눈살을 찌푸리며 다른 곳으로 떠나는 것이다.

그렇다면 자신이 엄살 부리거나 과장한다는 사실을 알게 되었을 때 우리는 어떻게 해야 할까? 가장 좋은 방법은 결과를 예측하는 것이다. 내가 과장해서 상대방에게 말을 했을 때 그 결과는 어떻게 될까? 상대방이 나의 말을 사실로 인정해줄까? 나중에라도 혹시 나의 말이 거짓이나 과장으로 판명되었을 때 나는 어떤 얼굴로 사람들을 봐야 하나? 이런 질문을 통해서 우리는 그 결과를 예측해볼 수 있다. 결과가 생각만 해도 끔찍하다면 엄살을 피우고 과장하고 싶은 마음이 싹 사라질 것이다.

진나라 문공이 초나라와 접전을 벌이고 있을 때 호언이라는 신하가 속임수를 써서 초나라를 치자고 말하자, 이옹이라는 신하가 말했다.

"연못의 물을 모두 퍼내어 고기를 잡으면 물고기를 잡지 못할 리 없지만 그 후년에는 잡을 물고기가 없게 될 것이고, 산의 나무를 모두 불태워서 짐승들을 잡으면 잡지 못할 리 없지만 후년에는 잡을 짐승이 없을 것입니다. 지금 속임수를 써서 위기를 모면한다 해도 영원한 해결책이 아닌 이상 임시방편일 뿐입니다."

엄살을 부려서 자신의 곤궁함을 강조하고 허풍을 떨어서 자신의 능력과 치적을 자랑하는 것은 물을 모두 퍼내고서 고기를 잡는 것과 같다. 지금 당장은 통할지 모르지만 그것이 본래 자신이 가진 능력에 기초한 것이 아니라면 다음에는 어떤 것으로 상대를 속여야 할지 막막할 뿐이다. 꾸준한 노력과 다방면의 준비를 통해 자기 삶의 주도성을 확보하고 미래를 예측 가능한 것으로 만들어갈 때, 우리는 내적 안정감을 확보할 수 있을 것이고 엄살이나 과장 같은 반응에서 자유로울 수 있을 것이다.

가끔은 엄살이 필요할 때도 있다. 바로 축구경기가 그렇다. 심하게 부딪히지도 않았는데 오버액션을 하며 넘어지는 선수들을 보면 연기력이 아주 뛰어나다는 생각을 하게 된다. 그 연기가 리얼할수록 심판도 속아 넘어가서 결정적인 페널티 킥을 선언하게 될 가능성이 높다. 이때는 엄살도 유리한 판정을 유도하기 위한 일종의 작전이다. 그러나 조심해야 할 필요가 있다. 잘 훈련받은 심판은 실제와 할리우드 액션을 구분하는 데 능숙하며, 잘못하면 엄살을 핀 선수에게 옐로카드는 줄 수 있기 때문이다. 실제로 우리 주위에는 잘 훈련받은 심판들로 가득 차 있다. 이겨도 정정당당하게 이겨야 자신에게 도움이 되는 법이다.

자극의 순간들

행크 아론Hank Aaron은 홈런왕으로 유명하다. 그는 홈런을 아주 많이 쳤는데 단 한 번도 공을 친 다음에 그 공이 담장을 넘어가는 것을 쳐다보지 않았다고 한다. 언제나 1루를 향해서 열심히 달렸기 때문이었다. 웬만한 선수들은 공이 배트에 맞는 순간 홈런이 될 것임을 직감하기 때문에 1루를 향해 열심히 달리기보다는 공이 펜스를 넘어가는 모습을 보면서 경기를 즐기지만 그는 그렇게 하지 않았다. 그의 특이한 행동에 대해 사람들이 묻자 그는 이렇게 대답했다.

"내가 친 공이 펜스를 넘어가서 홈런이 되는 것을 구경하는 것은 경기에 아무런 도움이 되지 않거든요."

그는 자신에게 정정당당한 사람이었다.

배포와 아량 — 남들의 시기와
질투를 반가워하라

힘들고 우울한 인간들은 다른 사람을 힘들게 함으로써,
즉 미움과 사랑으로 경쾌해지고, 잠시 자신의 표면에 떠오른다.
_니체

노벨 화학상, 의학상, 평화상, 문학상 같은 것은 있어도 수학상은 없
다. 노벨이 당대 최고의 수학자였던 미타그 레플러Mittag Leffler와 사이
가 좋지 않았기 때문에 의도적으로 빼버렸다는 말이 있다. 수학상
을 만들면 그가 최초의 수상자가 될까봐 걱정했기 때문이라는 것이
다. 이 사실이 알려지면서 레플러는 더욱 유명한 수학자가 되었다.

우리는 자신이 가지지 못한 것을 상대방이 가졌을 때 '질투'라는
감정에 사로잡힌다. 내가 사랑하는 사람이 다른 사람을 사랑하고

있다면 그의 사랑을 받고 있는 사람을 질투하게 되고, 나보다 높은 지위에 있거나 좋은 차를 가지고 있는 사람을 볼 때도 질투의 회오리 속으로 빠져든다. 내가 가진 것보다 상대방이 더 좋은 것을 가졌다는 것이 자극이 되어 질투라는 반응이 나타나는 것이다. 실제로 질투는 일상의 곳곳에서 우리를 지배하고 있다.

친한 사람 중에 인사를 아주 잘하는 직원이 있다. 신입사원 때부터 남녀고하를 가리지 않고 누구에게나 인사를 잘해서 많은 사람들로부터 인사성 좋은 직원으로 정평이 나 있었다. 그러던 어느 날 그에게 좀 씁쓸한 사건이 생겼다. 누군가 자기를 두고 '아부를 너무 잘하는 것 같다'고 말한 것을 간접적으로 전해들은 것이다. 인사를 잘한다는 것이 아부하는 모습으로 비춰졌음이 분명했다. 상처받은 그에게 이런 말을 했다.

"그냥 무시하세요. 세상은 잘나가는 사람을 질투하게 되어 있거든요. 사람들은 자신보다 뛰어난 사람을 질투의 대상으로 삼는 법이니까, 나에 대해서 비난하거나 의도적으로 깎아내리려고 하는 사람이 있다는 것은 내가 성공했다는 증거로 받아들여도 좋을 것 같아요."

만약 누군가의 뒤에서 그를 모욕하고 있다면 그 사람보다 몇 발자국은 뒤떨어져 있다는 것을 스스로 인정하는 것과 같다. 뒤처진 사람만이 앞에 가는 사람의 등을 보고 뒤에서 욕하는 법이다.

우리가 어떤 행동을 했는데 그것에 대해서 주위 사람들이 아무런

3부 나를 바꾸는 열다섯 가지 키워드

반응을 보이지 않는다면 우리의 행동 자체가 자극을 효과적으로 전달하지 못한 것일 수 있다. 주목받지 못했다는 증거는 상대방의 무반응이다. 상대방이 아무런 반응을 보이지 않았다면 우리가 던진 자극이 더 이상 매력적이지 않다는 의미다. 반면에 강한 질투의 반응을 불러일으켰다면 승산이 있다고 봐도 좋을 것이다.

우리가 인정받기 시작할 때 나타나는 첫 번째 징조는 시기와 질투의 세력이 생겨난다는 것이다. 인기 있는 연예인일수록 스캔들이 많다. 스캔들의 횟수와 강도에 따라서 인기를 측정할 수 있을 정도다. 인기가 없다면 스캔들이 날 리도 없고 사람들이 입에서 입으로 소문을 옮기고 다닐 리도 만무하다. 그런 의미에서 부정적이든 긍정적이든 상대방이 자극에 반응을 보인다는 것은 좋은 징조다. 그러니 상대방의 질투에 대해서 지나치게 민감하게 반응할 필요는 없다. 곧 다음 단계로 넘어갈 것이기 때문이다.

시기와 질투의 단계를 넘어서게 되면 모방이 뒤따른다. 찬사와 함께 사람들로부터 인정을 받게 되고 눈에 보이는 큰 성공을 거두는 것이다. 사람들이 자신을 따라한다는 것을 눈으로 확인할 수 있을 정도가 된다. 그러면서도 시기와 질투는 여전하다. 단언컨대, 모방과 질투의 강도가 높을수록 성공의 강도도 높다.

질투는 나의 힘?●●

거꾸로 상대방에 대한 질투의 감정이 생겼을 때 나는 어떻게 반응
할까? 어떤 사람들은 질투심에 불타 상대방을 저주하거나 비방하는
유언비어를 만들어내기도 하고 또 다른 사람들은 열등감에 휩싸여
자신을 미워하고 스스로에게 화를 내기도 한다. 하지만 여기서 중
요한 것은 질투심이 가진 긍정적인 효과다. 질투를 느낀다는 것은
자신의 현재상태를 인정하는 것이고 이제부터라도 자신을 생산적
인 방향으로 이끌고 가겠다는 의지의 표현이다. 그리고 그것은 우
리가 스스로 질투에 사로잡혀 있음을 솔직히 인정할 때 시작된다.

상대를 질투하고 있다는 것은 내가 나를 무척이나 사랑하고 있다
는 사실을 증명해준다. "자기 자신을 싸구려 취급하는 사람은 타인
에게도 싸구려 취급을 받을 것이다."라는 영국 작가 윌리엄 헤즐릿
William Hazlitt의 말을 빌리지 않더라도, 우리는 충분히 우리 자신을 사
랑한다. 그렇기 때문에 상대방에 대한 질투의 감정을 양산해내는
것이다. 질투가 없다면 사랑도 없다.

이런 질투의 감정을 자기발전의 원동력으로 삼을 수 있을 때 그
것은 좋은 자극제가 된다. 상대방의 성공을 올바르게 이해하고 자
신도 더 노력해서 좋은 모습을 보여줘야겠다는 결심을 하게 될 때
질투심은 좋은 자극이 된다. 그러나 질투의 원인을 외부에서 찾으
려 한다면 불행한 결과가 초래될 수도 있다. 자신이 부족하기 때문

에 질투심이 생긴 것이라고 생각하는 사람은 더욱 노력하게 되지만, 질투의 원인이 상대방에게 있다고 생각하는 사람은 상대를 저주하거나 스스로 노력하기를 포기한다.

질투의 원인을 내부에서 찾는 것과 함께 또 한 가지 중요한 것은 자신에게 적당한 질문을 던져야 한다는 것이다. '나는 왜 그것을 하지 못할까?' 라는 질문은 자칫 자신이 무능하다는 결론에 도달할 수도 있다. 그보다는 '어떻게 하면 나도 그처럼 잘할 수 있을까?' 라고 질문해보자. 훨씬 발전적인 대답이 나올 것이다. 그 발전적인 대답은 우리에게 새로운 자극제가 되어 긍정적인 인식을 만들어준다. 즉 '왜(Why)' 가 아니라 '어떻게(How)' 라는 질문을 던져야 한다.

다른 사람이 성공하는 모습에 자극 받았을 때 그에 대한 반응으로 질투심이 생긴다. 그 순간 그 반응의 원인을 어디에서 찾느냐에 따라 반응의 질적인 수준이 결정된다. 상대방이 아닌 나 자신에게서 질투심의 뿌리를 찾아야만 변화하고자 하는 노력이 가능하고 개선의 여지가 생긴다. 그 반대의 경우는 상황을 악화시키기만 할 뿐이다. 괴테는 질투가 부정적인 반응을 불러오는 경우를 두고 이렇게 말했다. "사람들은 세 가지 때문에 바보가 된다. 남자는 교만 때문에, 처녀들은 사랑 때문에, 여자들은 질투 때문에."

그렇다고 해서 질투가 전혀 없는 사람이 되어야 한다는 것은 아니다. 질투가 없는 사람은 자신을 사랑하지 않는 사람이다. 자신에 대해 무관심하고 발전하고자 하는 욕심이 전혀 없기 때문에 의욕이

미치도록 나를 바꾸고 싶을 때

없고 힘이 없는 사람이다. 중요한 것은 '어떤 질투'를 하고 있느냐 하는 것이다. 자기를 자극하고 성장시키는 질투인가? 아니면 남을 깎아내리고 자신도 무너지는 파괴적인 질투인가? 질투심이 생겼을 때 자신에게 어떤 질문을 던지고 있나를 생각해보면 충분히 알 수 있을 것이다.

자극의 순간들

연애도사라고 불리던 친구가 있다. 친구들이 그 비결을 물었을 때 그는 이렇게 말했다. "별거 아니야. 맘에 드는 애와 그 애의 친구가 있다고 했을 때 그 애의 친구에게 관심 있는 척을 하는 거야. 그러면 질투심 때문에 금방 넘어와. 여자들은 모르는 사람에게는 줘도 친한 친구에게는 못 주는 게 있거든. 그 대표적인 게 바로 남자야." 우리는 모두 고개를 끄떡였고 그의 말에 완전히 매료되었다. 몇 달 후 그렇게 만났던 여자와 헤어졌다는 말을 하면서 그가 또 이런 말을 남겼다. "그런데 문제는 그렇게 사귄 애들은 오래 못 간다는 거야." 질투심 때문에 쉽게 선택한 사랑은 참된 사랑이 아닐 가능성이 많다. 질투는 너무나 자극적이어서 질투심에 사로잡힌 사람은 순간적인 판단에 따라 움직이게 된다. 사람들의 질투심이 극에 달하면 얼마나 추해지는지를 보여주는 사례가 하나 더 있다. 몽테뉴의 말을 통해서 확인해보자. "이름을 알리는 것이 중요하지 않다고 말하는 사람조차 자기가 그런 주장을 했다는 것을 알리기 위해 책에 자기 이름을 꼭 남기고 싶어 한다. 사람들은 남에게 자기 물건을 주기도 하고, 어떤 때는 목숨을 바치기도 한다. 그러나 자기 때문에 남까지 유명해지는 일이 있다면 절대로 하려 들지 않는다. 명성은 절대 나누려고 하지 않는다."

유연성과 회복력 – 치욕을 안고 견디는 것이 승리다

필요할 때 방향전환을 하는 것, 이것이 목표를 달성하는 기술이다.
그리고 그 기술에 포기는 포함되지 않는다.

힘은 산을 뽑을 만하고 기개는 온 세상을 덮을 만한데
시국이 불리하니 추도 달리지 않네.
추도 나가지 않으니 어찌해야 한단 말인가?
우虞여, 우여, 어찌하면 좋은가?

이것은 한나라 유방과의 싸움에서 밀려 사면초가에 처한 항우가
술잔을 기울이면서 불렀던 노래다. 힘과 의지는 세상을 가질 만하
지만 시국이 자신의 편이 아님을 한탄하고 있다. 추는 항우가 타고

미치도록 나를 바꾸고 싶을 때

다녔던 명마의 이름이고, 우는 항우의 절대적인 사랑을 받았던 미인이었다. 이 노래를 수없이 부르며 눈물을 흘리던 항우는 남은 군사들을 이끌고 탈출을 감행한다. 결사대의 도움으로 포위망을 뚫고 남쪽의 오강에까지 도달했는데, 마침 오강의 정장亭長이 배를 강둑에 대고 기다리고 있다가 항우에게 이렇게 말했다.

"강동이 비록 작은 땅이나 사방이 1천 리요, 백성의 수가 수십만에 이르니 그곳에서 왕이 되실 만합니다. 빨리 건너 후일을 도모하십시오."

하지만 실의에 잠긴 항우는 이렇게 말한다.

"하늘이 나를 망하게 하려 하는데, 내가 강을 건너서 무엇을 하겠느냐? 또한 내가 강동의 젊은이 8천 명과 함께 강을 건너 서쪽으로 갔는데 지금 한 사람도 돌아오지 못했거늘, 강동의 부모와 형제들이 나를 불쌍히 여겨 왕으로 삼는다고 한들 무슨 면목으로 그들을 대하겠느냐? 설사 그들이 아무 말도 하지 않는다 해도 어찌 내 양심에 부끄럽지 않을 수 있겠느냐?"

항우는 말을 돌려 다시 적진으로 뛰어들어 수백 명을 죽이고는 자결하고 만다. 그의 나이 서른한 살 때의 일이다. 당나라의 시인 두목杜牧은 훗날 '제오강정題烏江亭'이라는 시에서 그때의 상황을 이렇게 읊고 있다.

이기고 지는 것은 전쟁에서 기약할 수 없는 것인데

치욕을 안고 견디는 것이 사나이다.
강동의 자제들 중에는 인재가 많으나.
흙을 말아 올려 다시 돌아올 날은 미처 알지 못하는구나.

　실패를 거울삼아 다시 시작할 수 있는데도 거듭되는 패배로 시대가 자신을 버렸다며 좌절했던 항우를 안타깝게 노래하고 있다. 마지막 줄에 '흙을 말아 올려 다시 돌아온다'는 말에서 '권토중래捲土重來'라는 고사가 유래되었다.

　당시 항우의 심정은 무엇이었을까? 좌절감이었을 것이다. 싸움에서는 번번이 패배했고, 주위의 사람들이 하나둘씩 떠나가는 상황이 되다 보니 점점 자신감을 상실하게 된 것이다. 결국 자신이 원하는 천하통일의 위업은 자신의 몫이 아닐지도 모른다는 불안감이 현실로 다가와 그를 덮치고 말았다. 그 좌절감 때문에 새로운 도약의 기회를 버리고 스스로 삶을 마감한다.

　이런 좌절들은 수많은 실패의 경험들이 만들어낸 감정이다. 실패라는 부정적인 자극은 우리의 자신감을 갉아먹어 욕구가 실현될 수 있는 가능성의 문까지 막아버린다. 무력감이 생기고 '나는 선택받지 못한 사람'이라는 좌절감이 자신을 지배하게 된다. 실패가 반복되고 누적되면 욕구실현이나 목표달성의 가능성 역시 낮아지는데, 거기에서 내적갈등이 생겨나게 되고 갈등이 장기화되면 희망도 한풀 꺾여 제 힘을 발휘하지 못한다. 이때 생기는 것이 바로 좌절감이

미치도록 나를 바꾸고 싶을 때

다. 한마디로 실패라는 감정이 습관화된 결과인 셈이다.

좌절의 문제는 그것이 '의욕상실증과 생기부족증'으로 연결되어 '될 대로 되라'는 태도로 이어진다는 점이다. 부모로부터 사랑받길 기대했지만 만족스럽게 사랑받지 못한 아이들은 실망하게 되고 그것을 반복적으로 경험하게 되었을 때의 서운함을 '반항'이라는 형태로 표출한다. 아이들이 반항하는 것도 부모로부터 사랑받지 못한데 대한 좌절의 결과라고 할 수 있는 것이다. 회사에서 누구보다 열심히 노력했는데 승진대상에서 탈락하고 인사고과도 좋지 않은 상황이 계속된다면 포기, 좌절 그리고 반항의 절차를 거치게 된다. '할 만큼 했는데 안 되더라'는 경험이 좌절을 만들고, 좌절은 의욕상실과 포기, 저항과 같은 행태로 나타난다.

햇빛만 비치면 사막이 된다●●

좌절의 감정이 덮쳐올 때 우리는 어떻게 해야 할까? 좌절이라는 반응이 나타난다는 사실을 인지했을 때 우리가 취할 수 있는 최초의 선택은 경험에서 교훈을 찾아내는 일이다. 과거를 통해서 배우지 못하는 사람은 미래도 발전도 없다. 설령 그 과거가 결코 돌아보고 싶지 않은, 너무나 비참한 것이라 할지라도 그것은 이미 지나가버린 일이고 돌이킬 수 없는 일이다. 이제는 그저 우리의 머릿속에만 존재하는 관념일 뿐이다. 그 사실을 잊지 않는다면 과거를 마주하기가 그리 두렵지만은 않을 것이다. 우리는 과거를 새롭게 해석하고 규정함으로써 내 사고 속의 과거를 만들어낸다. 새로운 의미를 부여함으로써 과거의 모습이 달라지는 것이다. 그 규정은 바로 교훈이 되고 신나는 발전의 거름이 된다.

좌절이라는 반응의 이면에는 올바르게 행동하지 못하고 게으르게 행동했다는 반증이 숨어 있다. 좌절하는 사람은 어떤 의미에서 자신을 믿고 있는 사람이며 자신을 믿고 있기에 스스로에게 기대하는 바가 큰 사람이다. 무언가 하고 싶은 게 많고, 그것을 꼭 해낼 수 있으리라고 생각하는 사람만이 좌절을 경험한다. 기대가 있기에 실망이 있는 것이다.

이런 상황에서 얻을 수 있는 교훈은 간단하다. 내가 게을렀거나 올바른 방향으로 행동하지 못했음을 깨닫는 것이다. 그런 점을 확인하다 보면 약해진 자기 효능감을 강화할 수 있다. 그리고 지금 할 수 있는 작은 일부터 다시 찾아서 시작하는 것으로 잃었던 자신감을 점점 회복할 수 있을 것이다.

중국 속담에 '햇빛만 비치면 사막이 된다'는 말이 있다. 흐린 날도 없고 비 오는 날도 없이 매일 햇빛만 비치는 곳은 사막이 될 수밖에 없다. 인생에서 항상 맑은 날만을 기대할 수는 없는 노릇 아닌가. 맑은 날만 계속된다면 그 맑은 날 역시 평범한 날에 불과할 뿐이다. 흐린 날이 있기에 맑은 날이 좋은 날이 되는 것이다. 마찬가지로 좌절하는 순간이 있기에 성공의 순간이 소중한 것이다. 맑은 날을 보고 싶다면 흐린 날에도 무언가를 해야만 한다. 비록 폭풍우로 내가 가진 모든 것을 잃었다고 해도 언젠가는 반짝거리는 태양이 다시 떠오르는 법이다. 항우는 오강을 건너지 못했지만 우리는 헤엄을 쳐서라도 건너가야만 한다. 우리의 삶은 소중한 것이기 때문이다.

자극의 순간들

부처님이 좌선을 하고 있는데 젊은 여인이 달려오더니 부처님 옆을 지나 숲 속으로 도망쳤다. 잠시 후 한 젊은이가 그녀의 뒤를 쫓아와서는 부처님을 보고 물었다.
"조금 전 이쪽으로 젊은 여자가 도망쳐오지 않았습니까? 제 지갑을 훔쳐 도망갔습니다."
그러자 부처님이 말했다.
"도망간 여인을 찾는 일과 자신을 찾는 일 가운데 어느 쪽이 더 중요한가?"
젊은이가 무슨 말인지 몰라 어리둥절해하자 부처님이 다시 한 번 말했다.
"도망간 여인을 찾는 일과 자신을 찾는 일 가운데 어느 쪽이 더 중요한가?"
우리는 자신을 잃어버린 채 외부세계로만 눈을 돌리고 있다. 자신을 찾았을 때 실패와 성공의 이분법적 구분은 의미가 없게 된다. 그것이 성공을 꿈꾸기 이전에 자신을 찾아야만 하는 이유다.

반드시 넘어야 하는 4가지 장애물

장애물이 없으면 고통도 없고,
고통이 없으면 성취감도 없다.

우리가 성장해가는 과정에는 반드시 여러 장애물이 존재한다. 때문에 대부분의 사람들은 자신의 목표달성에 방해가 되는 장애물을 제거하기 위한 싸움에 몰두한다. 하지만 실제로 우리의 싸움은 장애물과의 싸움이 아니라 우리 자신과의 싸움이다. 장애물을 제거하는 것도 우리 자신이고 포기하는 것도 우리 자신이며, 심지어 없던 장애물을 새로 만들어내는 것도 우리 자신이기 때문이다.

그런 의미에서 자극관리에 실패하는 이유는 외부세계가 아니라 우리 내부에서 찾아야 한다. 그래야만 문제의 실마리를 제대로 풀

미치도록 나를 바꾸고 싶을 때

어낼 수 있다.

먼저 우리는 왜 긍정적인 자극을 받아도 그것으로 스스로를 개선하는 데 실패할까하는지 이유를 살펴보자. 이유를 밝히게 되면 장애물을 넘어서는 실마리를 얻을 수 있을 것이다.

첫째, 욕구를 어떻게 관리해야 하는지 방법을 배우지 못했기 때문이다. 욕구관리법을 배우지 못한 사람들의 가장 큰 특징은 한꺼번에 지나치게 많은 열정을 토해낸다는 것이다. 좋은 자극을 받아서 발전의 욕구가 생겨나면 어느 순간 갑자기 자신도 잘할 수 있다는 자신감이 솟구친다. 자극의 강도가 강할수록 이런 욕구와 자신감도 커진다. 하지만 그 자극을 체계적으로 관리하지 못하고 무리수를 둔다.

컴퓨터 프로그램을 사용해서 동영상을 자유롭게 편집하고 멋진 타이틀도 제작하는 모습을 보고는 어느 강사가 어디서 배웠느냐고 물었다. 나는 인터넷 동호회나 카페 같은 곳에 가면 좋은 자료들이 많이 있다고 알려주었다. 그리고 얼마 후 그에게서 전화가 왔는데 그런 자료들은 설명이 너무 길고 프로그램도 너무 복잡하다면서 10분 정도면 익힐 수 있는 쉽고 간단한 매뉴얼은 없느냐고 물어왔다. 웃으면서 이런 말을 했다.

"10분만에 익힐 수 있을 정도로 쉬운 것을 굳이 기술이라고 할 수는 없죠. 어렵게 배워서 익혀야 하기 때문에 기술이고 가치 있는 것일 테지요."

자칫하면 조급하게 성과를 내려는 욕심에 기술과 단순한 작동을 착각하게 된다. 그리고 욕구를 관리하기 위해서는 에너지를 적당히 분배하고 목적에 맞게 그것을 적절히 사용하는 법을 배워야 한다.

둘째, 현실적인 한계에 부딪혔을 때 그것을 뛰어넘을 수 있는 자신감과 경험이 부족하기 때문이다. 해보지 않은 것을 새로 시작하면서 잘해내기까지 한다는 것은 쉬운 일이 아니다. 하지만 어렵기 때문에 익혀놓으면 큰 가치가 생긴다. 누구나 쉽게 익힐 수 있는 것이라면 무슨 의미가 있겠는가.

어느 날 영어를 무지 잘하는 친구와 만난 후 '나도 영어를 잘하고 싶다' 는 욕구가 생겼다. 공부를 해야겠다고 결심하고서는 AFKN 청취교재를 샀는데, 막상 시작해보니 막막했다. 강의내용이 담겨 있는 CD를 '아주' 천천히 재생해서 들었는데도 절반도 못 알아듣는 상황이 되다 보니 지치지 않을 수가 없었다. 결국 1주일도 안 돼서 포기하고 말았다. 현재의 능력이나 상태를 파악하지 않고 너무 어려운 수준에 도전한 것이 실패의 주원인이었다. 교착상태에 빠졌을 때 새로운 방법을 찾아본다거나 실망한 마음을 다독이고 '새 마음 새 뜻' 으로 다른 쪽으로 접근하는 방법에 대한 고민과 경험이 없는 사람들은 작은 장애물에도 금방 포기해버리는 경향이 있다. 무언가를 해내는 데는 하나의 방법만 있는 것이 아닌데도 그 사실을 잘 모르거나 잊어버리기 때문이다. 장애물에 길이 막혀 있을 때일수록 더 효율적인 방법들을 고민해보고 그것을 시도해보는 폭넓은 시각과 용기를 가져야 할 필요가 있다.

셋째, 꾸준히 자극을 공급하는데도 실패하는 경우도 있다. 아무리 큰 자극을 받았다고 해도 그것이 1년 혹은 그 이상 몇 년씩 효과를 발휘하는 경우는 없다. 아니 한 달 정도만 자신에게 열정적인 에너지를 공급해준다고 해도 이미 충분히 성공한 자극일지 모른다. 우리에게 필요한 자극을 꾸준히 공급해주는 시스템을 스스로 구축해야 하는 이유가 바로 그것이다. 우리가 원하는 상태가 높은 수준의 기술을 요구하는 것일수록 적절한 자극의 공급은 중요하다.

'점심시간 효율적으로 사용하기'와 같은 간단한 결심도 며칠만 지나면 흐지부지 사라지게 된다. 결심이 약해지는 순간 다시 의지를 불사를 수 있는 자극제가 필요한데, 그러한 자극의 공급이 끊어지면 과거에 가지고 있던 무의식적인 습관이 다시 되살아나 어느덧 현재의 내가 아니라 나의 과거 습관이 내 점심시간을 관리하고 있는 모습을 발견하게 된다. 이때 결심이 나약해지지 않도록 추스르려면 의식이 무의식의 지배를 받지 않도록 자극을 꾸준히 공급해야 한다.

넷째, 이것은 아주 중요한 문제인데, 주어진 자극이 나의 재능이

나 관심사와 동떨어진 것인 경우다. 훌륭한 기회를 얻어 좋은 자극을 받았지만 실제로 그것이 내가 원하는 바와 다른 경우도 있고, 내가 원하는 것이기는 하지만 안타깝게도 재능이라고는 눈곱만큼도 없는 분야인 경우도 있다. 순간적인 충동으로 '나도 저렇게 되고 싶다'고 생각했지만 조금 지나고 보면 그때의 감정은 말 그대로 충동일 뿐 실제로 내가 원하는 것은 따로 있는 경우다.

이런 부조화는 대부분 자신이 진정으로 원하는 것이 무엇인지 모르거나 인생의 목적이 없는 경우에 생기기 쉽다. 자기 기준이 명확한 사람은 세상이 주는 자극에 쉽게 흔들리지 않는다. 그리고 그 자극을 받아들이더라도 금세 자기 것으로 끌어안고 적당히 사용한 후 폐기할 줄 안다.

직장생활 초창기에 '나도 제2의 인생을 준비해야겠다'는 생각에서 비주얼 베이직Visual Basic이라는 프로그래밍 언어를 공부한 적이 있다. 컴퓨터에 관심이 많은 편이긴 했지만 당시 그 분야에 대한 내 식견은 별로 넓은 편이 아니었기 때문에 혼자서도 공부할 수 있는 비주얼 베이직이 쉽게 눈에 들어왔던 것 같다. 한 3개월 정도 프로그램 짜는 것을 공부했더니 기초적인 구현은 어느 정도 할 수 있게 되었다. 문제는 그 다음이었다. 도대체 이걸 어디에 써먹어야 할지, 이것으로 내가 무엇을 할 수 있는지에 대해서 자꾸만 부정적인 생각이 들기 시작했고, 쓸데도 없는 것을 공부하는 데 시간이 너무 많이 든다는 생각에 회의적인 태도를 가지게 되었다. 결국 '이건 아니잖아' 싶어 다른 쪽으로 생각의 방향을 돌리게 되었는데 지금 생각해 보면 그 때 그 결정이 얼마나 다행인지 모른다.

자극관리에 실패하는 원인 중 가장 큰 부분을 차지하는 것은 부정적인 태도와 생각이다. 기존의 것과 비슷한 자극이 주어지더라도 자신을 보호하려는 방어기제와 경험적 부정주의가 결합되면 그것을 더욱 부정적으로 해석하게 마련이다. "얼마 못 가 포기하고 말걸?", "전에 다 해봤어.", "우리 회사에서 하는 일이 다 그렇지 뭐.", "팀장이 바뀌면 또 바뀔 텐데, 뭘.", "그건 내 담당이 아니야." ⋯ 이런 말들이 불쑥불쑥 튀어나오는 상황이라면, 자극관리에 실패한 경험들이 무의식 속에 잠재되어 있다가 자극이 들어올 때마다 일단 부정적으로 반응하고 보는 습관이 형성된 것이라고 보아도 좋다.

세상을 부정적으로 말하는 사람들과 친하게 지내고 싶지는 않을 것이다. 그렇다면 이제 여러분 자신은 세상을 어떻게 말하고 있는지 생각해보도록 하자. 자극관리에 성공하느냐 실패하느냐 여부는 지금 내가 어떤 말을 하고 있는지 확인해보는 것에서부터 시작된다.

자극의 순간들

1989년 아르메니아 대지진이 발생했을 때 있었던 일이다. 지진이 일어난 직후 한 아버지가 아들이 다니는 학교를 향해서 뛰어갔다. 불행히도 학교 건물은 완전히 무너져 있었고 아버지는 실의에 빠졌다. 하지만 아버지는 자신이 아들에게 늘 이야기

231

하곤 했던 약속을 떠올렸다.

"아들아, 무슨 일이 있든지 네가 이 아버지를 필요로 할 때는 내가 반드시 그 자리에 갈 거란다. 너의 곁에는 언제나 아빠가 있어 줄게!"

아버지는 절망적인 눈앞의 현실을 보고 눈물을 흘렸다. 그러나 아버지는 아들과의 약속을 어기고 돌아설 수 없었다. 그는 아들의 교실이 있었을 것 같은 곳으로 뛰어가 무작정 그 지점을 파내려가기 시작했다. 지켜보던 사람들과 다른 부모들, 경찰관, 소방관들은 모두 부질없는 짓이라고 그를 말렸지만 아버지는 아들과의 약속을 되뇌며 38시간이나 쉬지 않고 파내려갔다. 그리고 큰 기둥 같은 것 하나를 발견하고는 옮겼는데 아버지는 그곳에서 아들의 목소리를 들었다. 아버지는 아들의 이름을 외쳤다.

"알만드!"

그러자 아들의 음성이 들려왔다.

"아버지, 저 여기 있어요. 제가 여기 있는 아이들에게 걱정 말라고 말했어요. 제가 어디 있든 아버지는 반드시 나를 구해주실 거라고요."

내 안에 있는
또 다른 나를 찾아서

때로는 내가 좋다.
때로는 내가 싫다.
그러다 또 좋아진다.
내 안에 있는 나를 발견 할 때면
언제나 나는 당혹감을 느낀다.

1. 끊임없이 열고 남김없이 보여주기

풍요로운 사회가 전혀 긴장을 주지 않는다면,
인간이 만들어내야 한다.

_빅터 프랭클

빌 게이츠는 이런 말을 한 적이 있다.

"사람들은 내가 운이 좋았기 때문이 이만큼 부를 축적할 수 있었다고 이야기한다. 나 역시 기회의 중요성을 부인하지는 않는다. 하지만 내가 그 기회를 보았을 때 당신들은 도대체 어디에 있었는가?"

자극 없는 생활이 습관으로 자리 잡게 되면 좋은 자극을 얻을 수 있는 기회도 사라진다. 매일 같은 것만 보고 듣는 비슷비슷한 일상이다 보니 새로운 것이 눈에 잘 들어오지 않는 것이 당연하다. 이것은 아마도 창의적인 아이디어라든가, 기존의 시각과는 다른 관점으로 업무에 접근하는 것과도 연관이 있을 것이다. 새로운 내용을 접하지 않는 사람이 예전 방식대로 생각하고 행동하는 것은 자연스럽고도 당연한 일이다. 그런 사람들에게는 자신에게 어떤 문제가 있는지에 대해 알 수 있는 기회가 없다.

이제 막 배치를 받고 부대에 들어온 신병은 군기가 바짝 들어서 눈빛이 또릿또릿하게 살아 있다. 하지만 시간이 지나고 계급이 올라갈수록 점점 생활은 나태해지고 행동도 무기력해진다. 게다가 하급자들이 늘어나게 되면 상급자 대접을 받는 데 익숙해지니 쉽게 마음의 긴장을 놓아버린다. 군대뿐만 아니라 학교나 직장, 가정에서도 같은 일이 벌어진다. 대학 신입생 때는 선배들에게 깍듯이 대하고 학교에서 일어나는 크고 작은 일에 대해서도 마치 내 일인 것처럼 민감하게 반응하지만, 학년이 올라가고 선배 대접을 받기 시작하면 활동도 둔해지고 웬만한 일은 스스로 나서기보다는 후배들에게 시키려고 한다.

직장에서 역시 다를 바 없다. 직급이 올라갈수록 자기 책상을 직접 걸레로 닦는 사람은 적어진다. '내가 그래도 명색이 부장인데 걸레를 들고 손수 책상을 닦을 수는 없지…' 하는 생각이 머릿속에 숙변처럼 들어차기 때문이다. 가정에서도 '내가 가장인데…' 하는 생각이 들기 시작하면 집안의 사소한(그리고 귀찮은!) 일에 대해서는 신경을 꺼버린다.

이렇게 되면 당연히 작은 일에 대한 감각이 둔해진다. 감각의 둔화보다 더 심각한 문제는 다른 사람들이 그를 다른 부류의 인간으로 취급하기 시작한다는 것이다. 주위 사람들의 솔직한 이야기들을 접할 수 있는 기회가 적어지고 자극 받을 기회도 사라지게 된다. 점점 이렇게 시간이 가고 그런 상황이 계속되면 자기도 모르게 권위주의가 몸과 마음을 지배하게 된다. 직장에서나 가정에서나 어른 대접을 받는 나이, 혹은 직급에 도달하게 되면 이런 것을 경계해야 한다.

아이들의 두뇌발달을 돕는 방법 중 잘 알려진 것이 손과 발에 자주 자극을 주는 방법이다. 적절한 자극을 주어 손발을 자주 사용하게 하면 자연스럽게 두뇌활동이 활발해지고, 활발해진 두뇌활동은 습관이 되어 두뇌운동으로 남는다. 손발에 자극을 자주 준다는 것은 무슨 뜻일까? 자극을 자주 감지하고 반응하니 두뇌가 부지런히 움직인다는 뜻이며, 여기에는 이전과는 다른 방식으로 움직이고 반응하는 것도 포함된다. 머리로 말하자면 기존에 생각하고 있던 것과는 다른 새로운 내용들을 많이 접하는 것이라고 할 수 있다. 간단히 말해 새로운 것을 자주 접하면 머리가 좋아진다는 것이다.

그렇다면 새로운 자극을 접하는 방법에는 무엇이 있을까? 사람들의 두뇌활동과 일상의 활동들은 대부분 비슷한 패턴을 가지고 있다. 전화를 걸거나 받을 때 늘 비슷한 인사말을 사용하고, 비슷한 스타일의 상사들을 만나고, 비슷한 내용의 신문기사를 읽고 있기 때문에 생각의 수준과 행동패턴이 닮아가는 것이다. 다른 사람들이 시도하지 않는 방식을 의식적으로 선택해서 행동한다면 어떻게 될까? 무엇이 어떻게 달라지는지 구체적으로 말할 수는 없지만 한 가지는 분명하다. 보통 사람들이 해보지 못한 것을 경험할 것이고 그 결과 색다른 생각, 색다른 아이디어를 갖게 될 것이라는 점이다.

모두가 TV를 볼 때 책을 읽거나 사색에 잠길 수도 있고, 남들이 다 버스나 지하철로 출근할 때 5km를 걸어서 출근할 수도 있다. 다들 '안녕하세요!' 라고 인사할 때 '즐거운 하루~' 라고 말해보는 것은 어떨까? 그런 작은 행동들이 모여서 다른 결과를 가져올 것이다. 그러면 결과적으로 우리의 생각과 생활은 물론이고 우리 자신 또한 완전히 달라진다.

처음에는 정말 하고 싶지 않았지만 수업시간에 억지로 발표를 하다 보면 실제로 발표가 그다지 어렵지만은 않다는 것을 알게 된다. 회식자리에서 일부러 건배를 제의해보는 것도 재미있다. 아무도 가지 않으려 하는 교육이나 봉사활동, 출장에 자발적으로 참여해보는 것도 좋다. 자신을 색다른 환경에 노출시켜 새로운 자극의 기회를 적극적으로 찾는 것이다.

나는 생활이 무료해지고 에너지가 고갈되는 듯한 느낌이 들면 친구들에게 전화를 건다. 친구들과 이런 저런 이야기를 하다 보면 한번 만나자는 이야기가 나오게 되고 자연스럽게 다른 친구들에게도 전화를 걸어 모일 기회를 만든다. 그들과의 만남과 대화에서 오가는 작지만 소중한 이야기들이 나에게 자극을 주고 고갈된 에너지를 충전시켜준다. 새로운 자극이 새로운 나를 만들어주는 것이다.

사실 알고 보면 우리 주위에는 새로운 경험을 할 수 있는 기회가 너무나 많다. 우리가 그것을 선택하지 않고 비슷한 행동을 반복하기 때문에 그것을 얻지 못할 뿐이다.

자극의 순간들

지하철 계단 중간에 엎드려 구걸하는 사람들에게 함부로 대하지 말자. 상대방의 불행을 보면서 행복을 확인하는 사람은 바로 우리 자신이다. 우리는 상대방의 행복을 통해서 자신도 행복해지기보다는 상대방의 불행을 통해서 자신의 행복수준을 짐작하는 경향이 있다. 그러니 자신보다 못한 사람을 보거든 이렇게 말해보자.

"감사합니다. 내가 행복하다는 사실을 알려주셔서."

2. 지하철, 버스에서 나를 바꾸기

너무나 많은 여성들이 멋진 직업과 행복한 결혼, 사랑스런 아이들,
환상적인 사회생활을 모두 가질 수 있다고 생각한다.
그러나 그것은 환상일 뿐이다.
_레베카 마크

"당신은 요즘 무엇을 읽고 있는가?", "다음에는 무엇을 읽을 것인가?" 이 물음에 대한 대답을 할 수 있는 사람은 꾸준히 자기관리를 하고 있는 사람임이 분명하다. 자기 스스로 발전의 방향을 선택하고 목표를 실현해가고 있기 때문이다. 그래서 다음과 같은 질문들도 언제나 유용하다. 나태해진 생활을 체크해주고 경고해주기 때문이다.

"지하철이나 버스에서 나는 무엇을 읽는가?"
"저녁을 먹고 난 후 소파에 앉아서 무엇을 하는가?"

239

"인터넷 포털 사이트에 들어가면 어떤 정보를 가장 먼저 클릭해보는가?"

나는 지하철을 타면 얼마나 많은 사람들이 책을 읽는지 살펴보는 버릇이 있다. 지금까지의 경험에 의하면 아침 출근시간에 지하철에서 책을 읽는 사람들은 고작 5% 정도에 불과하다. 스무 명 중에서 한 명 정도가 책을 읽고 있는 셈이다. 책을 읽어야 한다고 말하는 사람은 많지만 실제로 책을 읽고 있는 사람은 이처럼 소수다. 믿기지 않는다면 내일 아침 출근길 지하철에서 확인해보자. 그래서 나는 가끔 독서에 대한 강의를 할 때면 이런 말을 하곤 한다.

"성공하고 싶으면 책을 읽으세요. 책을 읽으면 성공합니다. 왜냐고요? 다른 사람들은 책을 읽지 않기 때문이지요."

책 읽기가 중요하다는 말을 하기 위해서 꺼낸 얘기는 아니다. 실제로 책을 읽는 것이 중요하기는 하지만 그보다 더 중요한 것은 외부에서 전해오는 자극들에 무방비하게 노출되어 있는 무신경함을 자각하는 일이다. 무차별적으로 쏟아져 들어오는 쓰레기 정보에 아무렇지도 않게 노출되어 있는데도 우리는 정보의 공격에 너무 무신경하다.

다시 지하철 풍경으로 돌아가보자. 많은 사람들이 책 대신 지하철 역 입구에서 나눠주는 무가지 신문을 읽는다. 무료로 나눠주는 것이니 부담 없이 어제의 소식을 접할 수 있다. 종류도 다양해서 목

미치도록 나를 바꾸고 싶을 때

적지까지 가는 데 걸리는 시간에 따라 하나를 볼 것인지 두세 개를 볼 것인지를 결정할 수 있고, 보고 난 후에는 짐을 올려놓는 선반에 간단히 던져버리고 내릴 수도 있다. 그렇게 우리는 지하철 신문을 통해서 세상을 접한다. 그리고 그 내용을 보고 자극을 받는다. 하지만 그 자극은 우리가 선택한 것이 아니라 세상이 우리에게 던져주는 수동적인 자극일 뿐이다. 안타깝게도 이렇듯 외부에서 주어진 정보들은 얄팍하고 단편적이다.

지하철 신문의 물결이 한풀 꺾이는 낮 시간에 지하철을 타는 사람들은 무엇을 할까? 대부분의 사람들은 눈을 감고 졸거나 휴대전화를 만지작거린다. 가끔은 다른 사람들을 훔쳐보기도 한다. 아침 시간에 지하철 신문을 읽는 사람들과 비교해서 나을 것이 전혀 없다. 이런 행동이 의미하는 것은 무엇일까? 바로 자신에게 주어진 시간과 공간을 전혀 활용할 줄 모른다는 사실이다.

원하는 자극을 스스로 만들어내기 ••

누구에게나 하루는 24시간이다. 모두에게 똑같이 24시간이 주어지지만, 어떤 사람들은 바빠 죽겠다며 뛰어다니고 어떤 사람은 유유자적 느긋하게 걸어다닌다. 그런데 내가 지켜본 바에 의하면, 정말 무언가를 하느라고 바쁜 사람보다는 바쁘게 지내기 위해서 무언가를 찾아다니라 바쁜 사람이 훨씬 많았다. 그런 사람들은 의식적으로 무언가를 선택해서 수행하는 시간보다는 오히려 낭비해버리는 시간이 더 많다. 사람이 24시간 내내 집중하고 있을 수는 없지만 매순간 무엇을 할 것인지에 대해서는 선택할 수 있다. 그리고 그 선택을 통해서 우리는 우리가 무엇으로 어떻게 자극받을 것인지도 결정할 수 있다.

《명심보감明心寶鑑》에서는 "집안을 이룰 아이는 인분도 금처럼 아끼고, 집안을 망칠 아이는 금도 인분처럼 쓴다."고 했다. 나는 24시간 동안 얻은 경험을 어떻게 사용하고 있는가? 지하철에서 책을 보든 무가지 신문을 보든 목적의식을 가지고 선택한 자극이라면 분명 긍정적인 자극제가 될 수 있다.

어떤 분야에서 어떤 것을 배우고 어떤 사람이 되어야겠다는 결심을 했다면 그런 목적의식에 맞는 책을 읽으면서 자극받을 것이다. 그리고 그 자극의 영향으로 목적달성에 필요한 행동을 실천으로 옮길 가능성이 높아지면 결과적으로 태도가 바뀐다. 자극을 이용해서 선택을 만들어낸 것이다.

반면 제대로 된 선택을 하지 못하고 무의식적으로 시간을 흘려보내거나 낭비해버린 사람들은 자극관리에 실패한 것이다. 자극을 제대로 활용하지 못하니 자극으로부터 얻을 수 있는 것도 적을 수밖에 없다. 무언가를 얻기 위해 의식적으로 지하철 신문을 보는 것이 아니라 아무런 의식 없이 그저 시간 때우기 용으로 보는 것은 정보

미치도록 나를 바꾸고 싶을 때

를 선택하고 이용할 권리를 내던져버리는 것과 같다.

때로는 스스로, 원하는 자극을 만들어낼 수도 있다. 우리가 의식적으로 정보와 자극의 매개체들을 통제하고 의미 있는 것들을 선택하여 자신에게 필요한 자극을 만들어나가기만 한다면 말이다. 그래서 탈무드에서도 다음과 같은 이야기로 마음이 가장 중요하다고 했던 것이리라.

"인간의 모든 기관은 마음에 의해 좌우되고 있다. 마음은 보고, 듣고, 걷고, 서고, 굳어지고, 부드러워지고, 기뻐하고, 슬퍼하고, 화내고, 두려워하고, 거만해지고, 설득되고, 사랑하고, 미워하고, 부러워하고, 질투하고, 사색하고, 반성한다. 그러므로 세상에서 가장 강한 인간은 자신의 마음을 통제할 수 있는 인간이다."

차만 타면 멀미를 하는 사람이 있다. 그런데 신기하게도 자신이 직접 운전을 하면 멀미를 하지 않는다. 왜 자신이 운전을 하면 멀미를 하지 않는 걸까? 예측가능성과 관계가 깊다. 직접 운전대를 잡은 사람은 곧 튀어나올 요철이라든지 경사진 도로 등을 잘 알고 있고, 어느 방향으로 가야 할지를 자신이 결정하기 때문에 흔들림이나 기울어짐을 예측할 수 있다. 이런 예측이 가능해지면 몸은 미리 흔들림을 감지하고 마음의 준비를 할 수 있다. 그리고 핸들을 잡으면 약간의 긴장감이 생기기 때문에 뒷좌석에 편안하게 널부러져 가는 것과는 달리 변화에 민감하게 대응할 수 있다. 이런 이유들로 인해 운전하는 사람은 멀미를 하지 않는 것이다.

243

좀더 넓게 생각해보면 이것은 결국 상황을 직접 결정하고 통제하고 관리하는 사람은 외부환경의 변화에 대해 부정적인 반응을 나타낼 확률이 적다는 것을 의미한다. 즉 변화를 주도할 수 있을 때는 변화에 대해서 긍정적으로 생각하게 된다는 말이다. 볼링장에 가자고 먼저 제안한 사람은 볼링 치는 것을 싫어하지 않는 것과 같다.

스스로 선택하면 반응도 긍정적이다 ● ●

누군가 책을 한권 던져주면서 "×월 ×일까지 읽어." 하고 말하면 누구나 거부반응을 나타낼 것이다. 반면 자신이 직접 서점에서 선택한 책에 대해서는 끝까지 읽어보려고 노력하고 다 읽지 못하면 자신을 책망하기도 한다. 자극도 마찬가지다. 자신이 고르고 선택한 것이라면 그것에 대해서 책임져야 한다고 생각하기 때문에 긍정적으로 반응하게 된다.

나는 다른 사람이 좋다고 추천하는 책보다는 스스로 선택한 책을 읽으려고 노력한다. 주제뿐만 아니라 그 주제를 연구할 기간까지도 스스로 정해서 읽으려고 한다. 여러 분야의 책을 계획 없이 마구잡이로 읽기보다는 먼저 관심분야를 정한 후 그 분야의 좋은 책들을 고르고 어느 정도 기간을 정해 집중적으로 읽는 것이 효과적이다. 예를 들어 3개월 혹은 4개월을 주기로 특정 분야의 책과 자료, 논문

등을 집중해서 읽는다. 내가 진행하는 교육과정은 보통 3개월 단위로 진행되는 경우가 많은데, 그렇게 교육과 연계해서 책을 읽으면 효과적이다. 3개월이면 분야에 따라 다소 차이가 있긴 하지만 대부분의 주요 서적과 논문을 읽고 정리할 수 있다. 인터넷 자료까지 찾고 유명한 저자의 강연이나 교육기회까지 얻게 되는 경우, 그 성과는 진행하고 있는 교육에서도 확실히 나타난다. 연구의 결과가 나의 업무, 즉 교육과 자연스럽게 연결되기 때문에 1년 동안 여러 권의 책을 쓸 수 있었던 것인지도 모른다.

현명하게 자기관리를 하는 사람들은 지금 무엇을 읽고 있으며 다음에는 무엇을 읽을 것인지 분명히 말할 수 있다. 자신에게 무엇이 부족한지, 그것을 채우기 위해 무엇을 읽어야 하는지 아는 사람은 사실 그렇게 많지 않다. 설사 안다고 하더라도 그것을 행동으로 옮겨 자기 것으로 축적해나가는 사람은 더욱 드물다. 어쩌면 이것은 곧 자극관리에 대해서 무지한 결과일지도 모른다.

자극의 순간들

미국의 대통령이었던 린든 존슨Lyndon Baines Johnson은 무려 95kg의 거구였다. 그는 몸무게를 줄이기 위해 갖가지 방법을 다 사용해보아도 소용이 없자 자포자기 상태에 빠졌다. 뭔가 새로운 것을 시도했다가는 금방 포기하는 것이 주된 실패요인이었다. 그런 모습을 본 그의 아내가 이렇게 말했다.

"당신이 스스로를 경영할 수 없다면 나라도 경영할 수 없을 거예요."
아내의 말에 충격을 받은 대통령은 그날부터 피눈물 나는 노력을 시작해서 결국 몸무게를 줄이는 데 성공했다. 아내의 말이 그에게 큰 자극제가 된 것이다.

미치도록 나를 바꾸고 싶을 때

3. 표현력 기르기

모든 재앙은 입에서 나온다. 입을 지켜라.
_석가모니

진부한 스토리가 반복되는 주말드라마나 멜로영화를 보면서 이런 생각을 한 적이 있다. '도대체 왜 사람들은 결말을 뻔히 알면서도 이런 스토리를 좋아하는 걸까?'

답은 의외로 간단했다. 사람들이 살아가는 모습은 별반 차이가 없는데 그것을 해석하는 사람은 각자 다른 의미를 발견하기 때문이었다. 비슷한 내용에서 다른 의미를 찾아내는 것은 바로 시청자와 관객들의 몫이 아닐까? 사람들은 드라마를 보면서 자신이 경험하지 못한 세상에 대해서 논평하고 말하는 것을 즐긴다. 그리고 좋은 연기자는 시청자들의 생각이 더욱 풍부해질 수 있도록 마음을 녹여 연기한다.

유능한 배우는 탁월한 연기력으로 관객들을 몰입하게 만들고 주인공의 입장이 되어볼 수 있도록 유도한다. 그리하여 자신이 시청자가 되고 시청자가 자신이 되어 드라마를 함께 만들어가고 그 속에서 의미를 발견해간다. 이런 표현능력은 비단 배우에게만 필요한 것은 아니다. 글, 영화, 드라마, 그림, 기획서, 비즈니스 레터, 상품 광고 등 거의 모든 분야에서 표현능력은 중요한 요소다. 현대사회를 살아가는 지식근로자들의 힘은 바로 표현력에서 나온다고 해도 과언이 아니다. "나의 언어의 한계는 나의 세계의 한계를 의미한다."는 비트겐슈타인Wittgenstein의 말이 어느 때보다 중요하게 들린다.

피터 드러커는 "지식근로자는 '물건'을 생산하지 않는다. 그들은 아이디어, 정보, 그리고 개념을 생산한다."고 했다. 여기서 주목해야 할 것은 '개념을 생산한다'는 말이다. 이 말은 곧 아이디어와 은유를 생산한다는 말이다. 카피라이터를 연상해보면 이해하기 쉬울 것이다. 카피라이터는 일상의 작은 이야기들 속에서 가치 있는 표현을 캐치하여 그것에 의미를 부여한다. 한 줄의 좋은 카피는 엄청난 광고효과를 내고, 사람들의 머릿속에 오랫동안 박혀서 패러다임을 지배하기까지 한다. 이것은 생활에도 그대로 적용될 수 있다. 자신이 원하는 생활을 개념으로 정리할 수 있다면 그의 생활은 그가 바라는 대로 바뀔 수 있다.

그래서 표현력이 중요하다는 것이다. 이제까지 성취해놓은 것이 별로 없다 해도 앞으로 성취할 수 있는 것에 대해서 알리는 것이 바로 표현이다. 자신을 어떻게 표현하느냐에 따라서 기회가 쫓아오기도 하고 떠나가기도 한다. 뛰어난 사람이 많아서 경쟁이 심한 곳이라면 더더욱 차별화된 표현능력이 높은 평가를 받는다.

길거리에서 좌판을 펴놓고 과일을 팔더라도 그것을 어떻게 광고하느냐에 따라 결과는 완전히 달라진다. 책의 제목도 마찬가지다. 제목이 얼마나 매력적인가에 따라 독자들의 욕구를 끄집어내기도 하고 외면하게 만들기도 한다.

비슷한 능력을 가진 두 사람이 있을 때 한 사람은 인정받고 다른 사람은 그렇지 못하다면 그것은 바로 표현능력의 차이 때문이다. 엄밀히 말하면 두 사람은 비슷한 능력을 가진 게 아니다. 한 사람은 표현능력이 있지만 다른 사람은 없는 것이다.

언어 사용법을 제대로 배워야 하는 이유가 바로 이것이다. 적합한 용어를 개발하고 발굴해서 의식적으로 사용하도록 일상에서 꾸준히 연습해야 한다. 자신의 언어로 세상을 규정해야만 스스로가 원하는 상황으로 세상을 유도할 수 있는 힘이 생기기 때문이다. 그래서 근대과학의 선구자인 로저 베이컨Roger Bacon은 "사람들은 사고력이 언어를 지배하고 있다고 믿는다. 그러나 언어가 사고력을 지배한다."라고 말했던 것이다.

249

다르게 표현하면 다른 가치가 눈에 보인다••

과거의 경험과 현재의 자기 상태를 설득력 있게 표현하지 못하는 사람은 그 세계를 충분히 누리고 있지 못한 사람이다. 예를 들어 '광활하다'는 말을 사용할 수 없는 사람은 광활하다는 말의 개념과 그것에서 오는 감정을 느낄 수 없다. 반면 자유자재로 언어를 사용할 수 있는 사람은 그 언어에 대한 감정을 섬세하게 느낄 수 있는 사람이다. 다채로운 언어를 사용하는 사람들은 실제로 폭넓은 감정의 지평을 소유하고 있으며 그것을 효과적으로 이용할 수 있다.

표현은 발전한다. 표현이 발전하면 생각도 따라서 발전한다. 결과적으로 생각이 발전하면 미래에 대한 희망도 밝아지고 행동하고자 하는 의지도 솟아오른다. 표현력이 좋다는 것을 어떻게 측정할 수 있을까? 내 생각에는 자기 분야에 대해서 언제 어느 자리에서든 1시간 정도는 프레젠테이션을 할 수 있어야 표현력이 좋다고 평가할 수 있을 것 같다. 그 분야에 대해서 아무것도 모르는 사람들이 아닌 동료들이나 전문가 집단 앞에서 말이다. 자기 분야를 남다르게 표현할 수 있는 사람은 남들과는 다른 가치를 발견하고 그것에 매진하는 사람이다. 그리고 남들과 다른 가치를 발견했기 때문에 상황을 주도할 수 있다. 지식은 주도하는 사람의 것이고, 주도란 곧 의지를 뜻한다. 결국 표현이라는 것은 의지의 실현이다.

자신을 표현하는 것도 중요하고, 좀더 근사하게 표현하기 위해서

미치도록 나를 바꾸고 싶을 때

표현력을 연습해야 하는 것도 백번 옳은 얘기지만 말을 잘해야 할 필요가 전혀 없는 경우도 있다. 말하길 좋아하는 상대방과 만났을 때가 그렇다. 이런 경우에도 사실은 표현력이 필요하다. 말을 아끼는 것이 바로 말을 잘하는 것이 되는 경우가 바로 이때인데, 이 경우 가장 훌륭한 표현법은 바로 맞장구치기다. 적절히 맞장구를 치는 것만큼 수준 높은 표현력이 필요한 경우도 드물다. 말을 좋아하는 사람도 계속 혼자 말하다 보면 지치게 마련인데, 이때 그의 말을 자르고 하고 싶은 이야기를 꺼내나면 그는 곧 다시 끼어들면서 자기 생각을 무차별적으로 펼쳐나갈 것이다. 이때 표현력이 좋은 사람이라면 재치 있는 맞장구로 그의 '말발'에 더욱 힘을 실어줄 것이다. 하려던 말을 끝까지 하려고 상대방에게 버럭 성질을 부리며 "나도 말 좀 합시다."라고 하기보다는 그냥 맞장구를 쳐주면서 그의 말을 계속 들어주다 보면 잠시 후 상대방은 이렇게 말할 것이다.

"이런, 저 혼자만 좋아서 떠들었군요. 죄송합니다. 그래도 이렇게 마음속 이야기를 풀어놓고 나니 가슴이 시원해요. 아마도 선생님을 뵈니 마음이 편해서 그런 모양입니다."

상대방이 나에게 좋은 감정을 가질 수 있도록 하는 것이 바로 표현력의 핵심이다. 많은 말을 하지 않고도 상대방에게 좋은 감정을 심어줄 수 있으니 세련된 맞장구란 얼마나 멋진 표현 스킬인가. 억지로 상대방의 말에 끼어들거나 자기주장만 지루하게 펼쳐 분위기를 싸늘하게 만드는 사람은 만남이라는 소중한 시간과 공간을 부정적인 자극으로 채워버릴 수 있다. 말을 아끼고 열심히 들어주는 것은 상대방에게 우리에 대한 좋은 경험을 간직하게 할 수 있는 길이다. 그러기 위해서는 상대방이 무엇을 원하는지를 파악하고 그에 따라 합리적으로 대응하는 표현능력을 가져야 한다. 언제 어디서든 자신을 적극적으로 표현하는 것이 자신을 드러내는 최선의 방법이지만 훌륭한 자극관리자는 말이 많은 사람들을 만났을 때 자신의 표현을 아낄 줄 아는 사람이다.

자극의 순간들

일본의 무장 오다 노부나가織田信長에 관한 유명한 일화가 있다. 전투를 앞두고 적군과 병력을 비교해보니 10대 1로 아군이 절대적인 열세였다. 그런 상황을 눈치 챈 군사들은 이미 사기가 땅에 떨어졌지만 노부나가 자신만은 꼭 이길 것이라는 자신감에 차 있었다. 병사들의 분위기를 눈치 챈 노부나가는 이렇게 외쳤다.
"자, 여기를 보라. 이 동전을 던졌을 때 앞면이 나오면 우리는 반드시 승리할 것이고, 뒷면이 나오면 우리는 패배할 것이다. 이 동전으로 우리의 운명이 결정되는 것이다."
그러고는 동전을 높이 던졌다. 결과는 '앞면'이었다. 병사들의 사기는 일시에 치솟았고 노부나가는 그런 병사들을 이끌고 전쟁에서 승리할 수 있었다. 나중에 알려진 사실이지만 그가 던진 동전은 양면이 모두 앞면이었다.

상황이 같아도 판단은 사람마다 다르다. 이왕이면 긍정적으로 판단하는 것이 자신에게 이롭지 않을까? 미리부터 지레 부정적으로 판단해서 손해 볼 이유는 없으니까 말이다.

4. 현실을 새롭게 규정하기

> 언어는 권력이다. 그렇지 않으면 사람들이
> 그것을 이렇게 무차별적으로 사용할 리가 없다.

우리가 사용하는 말은 하나의 권력이다. 무력이나 강요가 거부감을 낳는 것과는 달리 말이라는 것은 자발적인 수용과 추종까지 이끌어 낼 수 있는 막대한 권력이다. 무력과 권위주의처럼 강제적인 것은 필연적으로 저항이 따르지만 효과적인 언어는 저항을 만들어내지 않는다. 저항은커녕 오히려 열렬한 지지자와 추종자를 만들어낸다. 그래서 대중을 이끌었던 역사적인 인물들은 대부분 자신만의 고유한 언어와 출중한 언변을 가지고 있었다. 그들의 말은 사람들의 생각을 이끌어내고 심지어는 통제하기까지 했다.

누군가로부터 '어머니'라는 말을 들으면 어떤 생각이 떠오를까? 혹은 어떤 이미지가 머릿속에 그려질까? 대부분의 사람들은 자신의 어머니를 떠올릴 것이다. 그리고 어머니와 관련된 다양한 기억들이 하나둘 떠오를 것이고 가끔은 예전의 불효했던 장면이 생각나서 부끄러워질 수도 있다.

누군가 우리에게 "넌 바보야."라는 말을 했다면 우리의 머리속에는 바보의 이미지와 함께 '내가 왜 바보지?', '처음 만난 사이에 너무 하는 거 아니야?' 하는 생각이 머릿속에 떠오를 것이다. 또한 누군가 우리에게 "인생은 아름다워요."라고 말했다면 우리는 스스로의 인생이 정말 아름다운지 어떤지를 판단하려고 할 것이다.

이렇게 우리가 사용하는 말은 우리의 생각을 그 속에 잡아가두는 힘이 있다. 언어는 우리의 생각을 집어넣는 틀이다. 그래서 유명한 연설가들은 적절한 언어를 적절하게 사용하려고 노력했던 것이다. 자신이 원하는 방향으로 사람들의 생각을 유도하기 위해서는 말 한 마디도 계획에 따라 의도적으로 사용해야 한다.

그런 의미에서 언어는 권력이다. 이 글을 읽고 있는 여러분도 여기 새겨진 글이 포함하고 있는 의미 속에서만 자유로울 수 있다. 나는 지금 글로 읽는 사람들을 포획하고 있는 것이다. 사람들은 읽으면서 새로운 생각을 받아들이지만, 반대로 작가는 자신의 생각을 사람들의 머릿속에 밀어 넣고 있다. 훌륭한 작가는 어떻게 하면 대중들이 자신의 생각에 자연스럽게 따라오도록 할 수 있는지를 잘 아는 전문가인 셈이다.

말한 대로 이루어진다●●

우리에게 다가오는 자극의 대부분이 언어를 매개로 오고 간다. 시각적인 요소가 작용하는 부분도 있지만 대부분은 말과 글 같은 언어에 의해서 이루어진다. 그런 의미에서 언어만큼 막강한 권력을 가진 것도 없다.

"말 자체가 바르지 않으면 그것은 의도한 내용이 아니다. 말해진 내용이 바르지 않으면 결과가 바르지 않다. 결과가 바르지 못하면 윤리와 예술이 타락할 것이다. 그러므로 우리는 바르게 말하도록 주의해야 한다. 이 점이 무엇보다 중요하다."

공자의 말이다. 말은 행동으로 이어지기 때문에 올바르게 사용하지 않으면 좋지 못한 결과가 만들어진다는 사실을 강조하고 있다. 그래서 "군자는 말이 행동을 넘어서면 부끄러워한다."고 했던 것이다. 말을 하기 이전에 올바른 말을, 자신에게 도움이 되는 표현을 익혀야만 한다.

언어를 올바르게 사용함으로써 자극도 효과적으로 관리할 수 있다. 누군가 "내 인생은 아름답다."라고 말했을 때 실제로 그는 자기 인생이 아름답다고 생각하게 된다. "보고 싶다."라고 말하면 실

255

제로 보고 싶어지고, "슬프다." 하고 말하면 정말 슬퍼진다. 우리가 주어진 상황을 어떻게 규정하느냐에 따라 상황은 정말 그렇게 변해버린다.

지갑 속에 1만 원짜리 지폐 한 장이 있다고 가정하자. 어떤 사람들은 "1만 원밖에 없네."라고 말하고 어떤 사람들은 "1만 원이나 있네."라고 말한다. '1만 원밖에 없네.' 하고 말한 사람의 머릿속에는 어떤 생각이 떠오를까? 1만 원을 가지고는 할 수 없는 것들이 머릿속에 주르륵 스쳐간다. 친구들과 술을 마시더라도 1만 원으로는 부족할 것이고, 학원에 수강신청을 해도 1만 원으로는 어림 반 푼어치도 없다. 그의 머릿속에 떠오르는 생각들은 온통 1만 원으로는 할 수 없는 것들뿐이다.

반면 '1만 원이나 있네.' 라고 말하는 사람의 머릿속에는 무엇이 떠오를까? 버스나 지하철을 타고 자유롭게 1일 코스 시티투어를 할 수도 있고, 맛있는 순두부찌개를 먹을 수 있고, 친한 친구에게 선물할 책을 한 권 살 수도 있고, 좋아하는 커피를 마실 수도 있다는 생각이 들 것이다. 실제로 1만 원으로 할 수 있는 것도 있고 할 수 없는 것도 있지만 상황을 어떻게 규정하느냐에 따라서 우리가 상상할 수 있는 것들은 한쪽으로 치우치게 된다.

그 순간 행복을 느끼는 사람은 어느 쪽일까? 당연히 '1만 원이나 있네.' 라고 여유 있게 생각하는 사람이다. 할 수 없는 것이 아니라 할 수 있는 것들을 상상하니 기분이 좋아지고 긍정적일 수 있다. 이 것이 바로 '우리가 주어진 상황을 어떻게 규정하느냐'가 가지는 힘이다. 상황은 언어로 규정된다. 긍정적이고 효과적인 언어를 가지고 지금 접한 상황에 적용시켜보자. 기분 좋은 언어로 상황을 긍정적으로 규정하는 것은 긍정적인 자극제를 만들기 위한 아주 훌륭한 방법이다.

"나는 많은 것을 해왔고 지금도 많은 것을 하고 있으며 앞으로도 훌륭한 일을 많이 할 수 있어."

"이 회사를 못 다니게 되면 다른 곳을 알아보면 돼. 나는 잘 될 거야."

"괜찮아. 지금보다 훨씬 더 힘들었던 때도 많았지만 잘 넘겨왔잖아. 나는 승리할 거야."

"승진이 다가 아니잖아. 승진보다 더 값진 일이 있어. 그것을 했을 때 내 삶은 더욱 가치 있는 삶이 되는 거야."

긍정적인 언어로 현재의 상황을 규정하면 상황이 정말 그렇게 변한다. 여러분도 한번 해보고 싶지 않은가?

가장 강력한 기술, 글쓰기

우리는 매순간 현실을 분석한 후 판단하고 표현한다. 마음속으로 생각하고 결심한 것을 말로 표현하기도 하고 때로는 글로 남긴다.

우리가 현재의 상황을 규정하는 방법은 생각과 말과 글, 세 가지로 분류할 수 있다. 마음속으로 현재의 상황에 대해서 이렇다 저렇다 생각하는 것, 말로 자신과 다른 사람에게 표현하는 것, 그리고 글로 그것을 규정하고 남기는 것이다. 이 세 가지가 우리의 주된 표현방법이다. 혼자 생각하는 것도 언어를 사용하는 활동이라고 볼 수 있다. 머릿속에서 자신에게 말을 하는 것과 똑같기 때문이다. 단지 입을 통해서 외부로 내보내지 않을 뿐이다. 하지만 이것은 말로 하는 것보다는 가슴속에 각인되는 효과가 떨어진다.

이 세 가지 중에서 가장 파워풀한 방법은 무엇일까? 단연 글로 남기는 것이다. 우리는 글을 쓰면서 그 장면을 상상하고 그 순간의 감정을 경험한다. 목표를 달성한 자신의 모습을 글로 표현하면 그 순간의 모습이 머릿속에서 이미지로 만들어지고 성공에 대한 기쁨이 생겨난다. 이런 각성은 기분 좋은 자극이 되어 목표를 향한 의지를 강화시키는데 결국 그것이 행동을 자극하여 실행력으로 이어지는 것이다. 그래서 성공한 사람들은 거의 대부분 틈만 나면 기록하는 습관을 가지고 있다.

글로 남기지 않으면 밤새워 머릿속에 세웠던 계획도 헛수고가 되고 만다. 하다못해 돌아가신 어머니가 꿈에 나타나셔서 로또복권의 당첨번호를 알려주셨다 해도 잠에서 깬 순간 그것을 기록해두지 않으면 아무 소용없지 않은가.

우리는 자신에게 주어진 상황을 글로 표현하는 데 익숙해져야 한다. 늘 수첩을 들고 다니면서 기록하고 또 기록하는 것이다. 그것이 습관이 될 때 우리가 원하는 것을 얻을 수 있는 확률은 점점 높아진다. 인생은 확률게임이다. 목표를 향한 행동을 누가 더 많이 반복했는지가 게임의 승자를 결정한다. 기술을 얻는 최선의 방법은 그것을 반복해서 연습하는 것이고 목표를 달성하는 최고의 방법은 목표달성을 위한 행동을 반복하는 것이다. 그것을 반복해서 실천할 수 있도록 만드는 1차적인 힘은 지금 자신의 상황을 어떻게 규정하느냐에서 나온다. 그리고 글로 남겼을 때 더욱 파괴력 있는 힘을 갖게 된다.

자극의 순간들

나는 글을 쓰면서 나를 변화시킨다. 글을 쓴다는 것은 자신을 정리하는 것이자, 동시에 새로운 규정을 만들어낸다는 의미도 포함되어 있다. 글을 쓰면서 새로운 말을 개발하고 현재의 나 자신이 어떤 방향으로 어떻게 가야 할지를 정하고 결심한다. 그런 의미에서 내 글은 나의 의지다.

사람의 정신세계는 보고 듣고 읽는 것으로 만들어진다. 글을 쓸 때는 보고 들으며 읽는 세 가지 활동이 동시에 일어나기 때문에 그만큼 강력하다. 의지력이 약한 사람이라면 글쓰기를 권하고 싶다.

글을 못써도 좋다.

문장력에 집중하지 말고 그 글의 내용과 취지에만 집중하면 된다.

강한 의지가 생겨날 것이다.

5. 나를 움직이게 하는 것은 내가 알기

너희의 보물이 있는 그곳에 너희의 마음도 있느니라.
_마태복음

파리채를 들고 이리 저리 뛰어다니는 남편에게 아내가 물었다.

"그래, 파리는 몇 마리나 잡았어요?"

"다섯 마리를 잡았는데 세 마리를 숫놈이고 두 마리는 암놈이야."

"그걸 어떻게 알죠?"

"세 마리는 맥주 깡통에 붙어 있었고 두 마리는 전화기에 앉아 있었거든."

자신을 움직이게 하는 것은 무엇인가? 사람마다 자신을 움직이게 하는 요소는 다 다르다. 어떤 사람은 책을 읽으며 동기를 얻고 어떤 사람은 금전적인 요인 때문에 움직인다. 어떤 사람은 경쟁심 때문에 눈에 쌍심지를 켜고, 또 다른 사람은 명예를 위해서 살아간다고 말한다. 보고 듣고 느낀 것이 모여서 한 사람의 가치관이 되니, 자라면서 겪었던 경험과 교육의 영향 때문에 이렇게 사람마다 동기를 주는 요인이 다른 것이다.

정작 우리 자신은 스스로가 어떤 경우에 적극성과 실행의지가 생기는지 잘 모르고 사는 경우가 많다. 싫어하는 것이 무엇인지에 대해서는 잘 알고 있지만 좋아하는 것이라든가 에너지를 주는 것이 무엇인지는 생각해보지 않기 때문이다. 기껏해야 '어떤 것을 해보았더니 재미있더라.' 하는 정도의 인식이 전부다.

좋은 자극제를 찾아서 잘 활용하려면 스스로를 움직이게 하는 요소가 무엇인지 정확히 파악할 필요가 있다. 그래야 필요할 때 적절한 자극을 유도할 수 있다. 슬럼프에 빠지거나 곤란한 상황에 처했을 때 자신을 구원해줄 요정이나 램프의 바바 같은 존재를 간절히 원해본 적이 있을 것이다. 그것을 필요할 때마다 불러내서 사용할 수 있다면 얼마나 좋을까?

취업준비중인 한 후배는 힘이 빠지고 생활이 나태해질 때 꼭 보는 영화가 있다고 한다. 그 영화를 보면 자신이 마치 영화의 주인공이 된 것 같은 생각이 들어 에너지를 얻을 수 있기 때문이란다. 똑같은 영화를 여러 번 본다는 것이 쉬운 일은 아닐 텐데 그는 그 영화를

261

수십 번도 넘게 봤다고 했다. 그래도 지겹기는커녕 볼 때마다 큰 힘을 얻게 된다고 한다. 좋아하는 음악을 수백 번씩 반복해서 듣는 것처럼 그도 영화를 그렇게 보았던 것이리라. 그는 자신이 어떤 요소에 의해 자극을 받고 동기가 생겨나는지를 잘 알고 있었다.

일이나 공부, 혹은 어떤 목적을 달성하기 위해 열심히 내달리다 보면 어느 순간 매너리즘에 빠질 때가 있다. 이때 탈출구를 찾지 못하고 방황하면서 아까운 시간을 허비해본 경험이 누구나 한번쯤은 있을 것이다. 무엇이 자신을 움직이게 하는지 알고 있었더라면 쉽게 극복할 수 있었을 텐데 말이다.

자신의 에너지 캡슐이 무엇인지 모르는 사람들은 지금 하고 있는 일에 지치면 쉽게 몰두할 수 있는 엉뚱한 것에 빠지게 된다. 술과 담배, 게임, 인터넷 같은 것이 그런 것들이다. 아주 단순한 정신활동만으로도 현실의 어려움들을 잠시 잊어버리게 해주기 때문이다. 그러나 이런 것들은 동기를 부여한다기보다는 그나마 조금 남아 있던 에너지까지 방전시키는 경우가 많다.

자신에게 동기를 불어넣는 방법은 자신이 가장 잘 안다. 그 자극제를 항상 준비해두었다가 적당한 순간에 제대로 사용할 수 있는 사람이야말로 자신의 역량을 충분히 개발할 수 있는 사람이다.

자신을 잘 관리하는 사람이 다른 사람들도 잘 관리할 수 있다. 사람들은 자기관리에 뛰어난 사람을 따르는 경향이 있기 때문이다.

사실 자기관리가 안 되는 사람이 다른 사람을 잘 관리한다는 것은 거의 불가능한 일에 가깝다. 또한 자신을 움직이게 하는 요소를 제대로 알고 잘 관리하는 사람들은 믿음직스럽고 영향력이 느껴지기 때문에 주위 사람들에게도 인기가 좋다.

남을 바꾸는 것보다는 자신을 바꾸는 것이 훨씬 쉬운 일이라서 나 역시 다른 사람을 바꾸려는 시도는 아예 하지 않는다. 내가 할 수 있는 일은 단지 상대방이 바뀔 수 있도록 어떤 계기를 만들어주는 것뿐인데, 그런 계기가 주어졌을 때조차도 지금 상태에 머물 것인지 아니면 자신을 변화시킬 것인지 결정하고 선택하는 것은 오직 자기 자신이다.

일상의 자극은 우리 스스로를 단련시킬 기회다. 자극이 반복되면 학습되는데, 학습된 사람들은 어떤 자극이 자신을 고무시키는지 알고 그것을 자발적으로 선택한다. 좋아하는 사람과 즐거운 시간을 보내고, 힘을 주는 음악과 영화를 보고, 동기를 부여해주는 좋은 책을 읽으면서 자신의 에너지를 자가발전 한다.

자극의 순간들

이런 질문을 스스로에게 던져보자. 그리고 구체적인 답변도 생각해보자.

나를 움직이게 하는 것은 무엇인가?
사람인가? 책인가? 음악인가? 영화인가? 여행인가? 명상인가? 휴식인가?

사람이라면 누구인가? 책이라면 누가 쓴 책인가? 음악은 어떤 종류의 음악이며, 영화는 어떤 제목의 영화인가? 명상은 언제 하는 것이 효과적이며 어떤 방식의 휴식이 좋은가?

구체적으로 기록해보도록 하자. 답이 나왔는가? 그렇다면 이 자극제들을 효과적으로 이용하기 위해서는 어떻게 하는 것이 좋을까?

6. 거대하고 복잡할수록
잘게 나누기

복잡해 보이는 이유는 원래 그것이 복잡하기 때문이 아니라
원리를 모르기 때문이다.

어느 시계 수리공이 손님이 맡기고 간 괘종시계를 수리하고 있었다. 그때 갑자기 시계추가 그에게 말을 걸었다.

"선생님, 제발 저를 망가진 채로 그냥 내버려두세요. 저는 이제 너무 지쳤어요. 째깍거리는 일을 평생 쉬지 않고 매일같이 해왔다고 생각해보세요. 저도 좀 쉬고 싶어요."

그 말을 들은 수리공은 잠시 생각한 뒤에 입가에 미소를 지으며 이렇게 말했다.

"시계야, 아직 오지도 않은 미래를 미리 걱정하지 말고, 지금 이

265

순간 단 한 번만 '째깍' 했다고 생각해보렴. 그럼 너의 째깍거리는 소리에 매번 기쁨을 느낄 수 있지 않겠니?'

　세계요요챔피언대회에서 1위를 차지한 선수의 요요 시범 장면을 인터넷에서 보고는 평소 요요를 좋아했던 조카에게 보여준 적이 있다. 녀석은 동영상을 보는 내내 감탄을 금치 못했는데 아니나 다를까 다음날 학교에서 돌아오는 길에 요요를 사들고 왔다. 그러더니 바로 그날부터 요요를 가지고 열심히 묘기 연습을 하는 것이었다. 녀석은 자신도 그 선수처럼 잘할 수 있으리라는 확신에 가득 차 있었다. 무언가를 열심히 해보려고 노력하는 모습이 기특해서 격려를 해주기도 했다.

　일주일쯤 지나자 그렇게 좋아하던 요요가 녀석의 손에서 보이지 않았다. 요요는 어떻게 했느냐고 물어보려다가 참았는데 잠시 후 그것을 발견할 수 있었다. 녀석이 그렇게 좋아라 했던 요요는 책상 밑 한 구석에서 줄이 풀어진 채 뽀얀 먼지를 뒤집어쓰고 있었다.

　녀석은 막상 연습을 해보니 하루 이틀로는 아무리 해도 그 선수처럼 묘기를 부릴 수 없다는 사실을 절감했던 것이다. 의욕을 가지고 시작했지만 실력은 쉽게 늘지 않았고 할 줄 아는 것만 반복하다 보니 재미있을 리 없다. 그렇게 점점 흥미가 사라져버리고 나니 결국엔 요요를 어디에 두었는지 기억하지도 못할 정도가 되었다. 의욕은 강했으나 그 의욕을 관리하지 못한 것이 우리의 한계다.

이것이 요요라는 놀이에 국한된 것이라면 별 문제가 없을 것이다. 요요 묘기를 부릴 줄 모른다고 해서 삶이 곤란해지지는 않으니까 말이다. 하지만 이것이 인생의 다른 부분에까지 확장되어 성격이나 태도에 보편적으로 적용된다면 문제가 커진다. 예를 들면 학습이 그렇다. 다른 과목에 비해 수학성적이 상대적으로 떨어지는 아이가 수학문제를 아주 잘 푸는 친구를 발견하고는 자신도 수학을 잘했으면 좋겠다고 생각했다 치자. 그런데 막상 해보니 그 친구처럼 잘할 수가 없었다. 이런 경험적 실패는 다른 학습에도 영향을 미칠 수 있기 때문에 실패가 반복되면 결국 학습 자체를 부정적으로 바라보게 된다. 그리고 학습에 대한 부정적인 선입견은 학교 공부를 잘하고 못하고를 떠나서 요즘과 같은 지식사회를 살아가는 데 치명적인 약점이 된다.

자신감을 상실한 아이는 도전이나 변화를 거부하는 행태를 보일 수밖에 없다. 수업시간에 칠판 앞에 나가서 수학문제를 풀어야 할 때, 문제를 풀 자신이 없는 아이는 선생님이 혹 자신을 지목하지 않을까 안절부절못한다. 맞든 틀리든 스스로 앞에 나가서 풀어봐야겠다는 용기가 생길 리도 없다. 아이들뿐만 아니라 어른들도 마찬가지다. 지금은 어느 분야에서든 잘할 수 있다는 자신감이 중요한 시대다. 이런 시대에 작은 생활의 변화조차 두려워한다면 그의 미래는 어두워질 수밖에 없다. 자극관리를 연습해본 사람들은 몇 가지 소소한 실패에 좌절하거나 자신감을 잃어버리지는 않는다. 남들이 좌절에 빠져 허우적대는 동안 그는 오히려 실패를 쉽게 극복할 수

4부 내 안에 있는 또 다른 나를 찾아서

있는 자기만의 노하우를 개발하고 있을 것이다.

　관리기법을 한 가지 소개하자면 '분할하기'다. 목적지에 도달하기 위해서 필요한 기술들을 여러 단계로 분할해서 연습하는 것이다. 요요를 잘하는 방법 중 하나는 연속된 많은 동작들 중에서 하나만 반복적으로 연습한 후 그것이 익숙해지면 마찬가지로 다른 동작을 따로 연습하는 것이다. 그렇게 몇 개를 연습해서 잘할 수 있게 되면 그것들을 이어서 하는 동작을 익히면 된다. 하나하나씩 배워갈수록 잘할 수 있다는 자신감과 함께 재미도 늘어가지 않겠는가.

　너무 두꺼워서 펼쳐보기도 전에 한숨부터 나오는 책을 제대로 읽는 방법도 마찬가지다. 먼저 하루에 읽을 수 있는 분량을 정한 후 '오늘은 XX페이지까지만 제대로 읽겠다'고 목표를 세우는 것이다. 그리고 거기까지만 읽고 그 내용을 자기 것으로 만든다. 내일 읽어야 할 부분은 내일 읽으면 된다. 부담스럽지 않은 범위 내에서 목표를 정하면 자신감이 생기기 때문에 더 의욕적으로 계획을 지키게 된다.

　이때 주의해야 할 것이 있다. 어제 읽었던 내용이 잘 기억나지 않는다고 해서 앞부분을 다시 읽어서는 안 된다는 것이다. 우리가 인간인 이상 모든 것을 기억할 수는 없는 일이고 어제 익혔다고 해서 오늘도 어제처럼 잘하리라는 보장도 없다. 그리고 오늘 새로운 것을 익히면서 어제의 것도 자연스럽게 습득되는 경우가 많다.

대학 친구 중에 걸핏하면 뭔가 비장한 결심을 하던 친구가 있었다. 그 친구는 방학을 앞 둔 어느 날 '이번 방학에는 민법총칙을 완전히 정복하겠다' 고 결심했다. 그런데 방학이 끝난 후 얘길 들어보니 결국 20페이지까지만 완벽하게 정복하고 말았다고 한다. 그 친구는 매일 아침 일찍 도서관에 가서는 한두 시간쯤 공부를 하다가 학회방을 돌아다니며 친구들과 놀았다. 그리고 나서 저녁때쯤 가방을 챙기러 도서관에 가곤 했다. 이런 생활을 방학 내내 반복하는 동안 녀석은 매번 첫 페이지부터 공부하기 시작했고 한두 시간 동안 읽을 수 있는 양은 20페이지에 불과했기 때문에 매일 20페이지까지만 반복해서 공부하게 된 것이었다. 어제 공부한 것이 생각나지 않는다고 해서 항상 처음부터 시작하다가는 영원히 시작만 하고 끝을 보지 못한다.

어마어마하게 크고 복잡한 일처럼 보여도 그것을 잘게 분할해서 하나씩 해치워나가다 보면 집중력도 높아지고 효율도 올라간다. 뿐만 아니라 자신에 대한 믿음도 쌓이게 된다. 하루 전체를 관리하는 것이 어렵다면 점심시간만이라도 계획적으로 관리해보자. 그것이 습관이 되면 출퇴근 시간, 퇴근 후 저녁 시간, 기상 시간 등으로 하나씩 확장해나가도 좋을 것이다.

자극의 순간들

《아침형 인간》이라는 책을 읽고 자극을 받은 한 백수청년이 어머니에게 달려가서

4부 내 안에 있는 또 다른 나를 찾아서

이렇게 말했다.

"엄마, 나도 내일부터는 '아침형 인간'이 되어야겠어요."

그러자 어머니가 말했다.

"그런데 얘야, 너는 그 전에 먼저 '인간'이 되어야겠구나.

미치도록 나를 바꾸고 싶을 때

7. 나의 생산성을 측정해보기

측정할 수 없는 것은 관리할 수 없다.

산업사회에서는 명함에 박힌 소속과 직위가 그가 성취한 것을 말해 주었기 때문에 어떤 직장에 다니고 어떤 지위를 가지고 있느냐가 그 사람을 평가하는 잣대였다. 그러나 요즘은 어떤 전문적인 기술과 지식을 가지고 있느냐가 그 사람을 평가하는 기준이다. 지식사회가 도래하면서 또 한 가지 달라진 중요한 점은 예전에는 직장이나 직위로 다른 사람들과 비교해서 자신의 현재 상태를 알 수 있었지만 요즘은 독자적으로 자신의 전문성과 적극성을 진단하고 평가해서 관리해야만 한다는 것이다. '직장인'이 아니라 '직업인'의 시대이므로 자신의 직종에서 자신이 지금 어느 위치에 있으며 어떤 방향으로 향해야 하는지를 스스로 결정해야만 한다. 명함에 적힌 직함은 그가 언제쯤 그 회사에서 퇴직할지를 알려주는 자료일 뿐이다.

이제부터 얘기할 자극관리 기술은 제목처럼 자신의 생산성을 측정하는 것이다. 그런데 '생산성을 측정하라'니 말이야 쉽지, 사실 눈에 보이지 않는 요소를 측정하고 점검한다는 것은 쉬운 일이 아니다. 1분에 10개씩 플라스틱 바가지를 찍어내는 기계도 아니고 도대체 나의 생산성이라는 것을 어떻게 측정할 수 있을까?

아마 대부분의 사람들이 스스로의 생산성을 측정해본 경험이 없기 때문에 어떻게 해야 할지 갈피를 못 잡을 것이다. 하지만 자신의 생산성을 제대로 측정하고 꾸준하게 관리하지 않으면 주어지는 자극들을 효과적으로 사용할 수가 없다. 어디에 어떻게 자극요소를 배치해야 하는지, 어떤 에너지로 전환시켜야 효과를 극대화시킬 수 있는지 알 수가 없기 때문이다. 그 일을 회사나 상사에게 맡겨버리면 안 될까? 왜 스스로가 자신의 생산성을 측정해야 하는 걸까? 물론 여기에도 중요한 이유가 있다.

우선 자기 스스로를 정확히 평가하고 여러 지표를 이용해서 객관적으로 관리할 수 있게 되면 다른 사람들의 평가에 의해 흔들리지 않는다. 자기만의 목표를 가지고 소신껏 밀고 나가는 과정에서 다른 사람들의 평가는 자칫 부정적인 자극이 되어 의지를 꺾어버리거나 열정을 사그라지게 만들 수도 있다. 자기 자신에 대해서는 스스로가 가장 잘 아는 법이다. 지금 어떤 상태인지, 왜 지쳤는지, 부족한 점은 무엇인지 등을 정확히 아는 사람은 바로 나 자신이다. 그런 면에서 자기 자신에 대한 평가는 스스로 내린 것이 가장 정확하다고 볼 수 있다.

스스로를 평가하는 과정에서 자신에게 주어지는 자극들을 효율적으로 관리하는 나만의 자극관리 시스템을 만들 수도 있다. 외부로부터 받는 자극에 어떻게 반응하는지 스스로 살펴보는 기회를 갖기 때문이다. 이런 평가의 기회가 없다면 지금 내가 어떤 수준에 도달해 있으며 특정한 자극에 대해 어떤 반응을 나타내는지, 이제까지 얼마나 성장했는지 확인할 수 없다.

목표를 달성하기 위해 성장과정을 관리하는 것은 매우 중요한 일이다. 주도적으로 변화와 성장을 관리하니 다른 사람의 목표달성에 이용되는 수단으로 전락하는 것을 미리 막아줄 뿐만 아니라 아주 짧은 기간에 뛰어난 성과를 내도록 스스로를 자극할 수 있는 자기규정적 자극의 기회를 만들어낼 수 있기 때문이다.

'나'에 대한 피드백을 수집하는 방법은 여러 가지가 있다. 주위 사람들에게 직접 물어보는 방법도 있고, 체크리스트를 만들어서 정기적으로 성과를 살펴보는 방법도 있고, 현재 상태를 목표로 삼은 상황과 비교하는 방법도 있을 수 있다. 나는 체크리스트를 만들어서 한 달에 한 번씩 나 자신을 평가하고 생산성을 측정하고 있다. 예전에는 주 단위로 평가했었는데 최근 월 단위로 바꿨다. 주 단위로 평가를 하다 보니 자극에 대한 단기적인 반응수준을 판단하기는 쉬웠지만 변화된 점이나 달라진 성과가 눈에 보일 만큼 확연히 드러나지 않았기 때문이다. 다음은 내가 사용하는 월 단위 체크리스트다.

: : 월별 피드백 체크리스트(각 항목당 10점 만점) : :

1. 학습 :

2. 교육 프로그램 개발 :

3. 커뮤니케이션

    가족 :   동료 :   지인 :

4. 집필 :

5. 가족 :

6. 계획관리 :

7. 전체평점 :

8. 피드백 :

글을 쓰고 강의를 하고 사람을 만나는 일을 하기 때문에 나에게는 '학습'이 아주 중요하고도 기본적인 자기관리 항목이다. 그래서 '학습'이라는 항목을 맨 앞에 배치했다. 그리고 그 학습은 2번 항목

미치도록 나를 바꾸고 싶을 때

인 '교육 프로그램 개발'로 이어지는데 그 과정 속에서 '커뮤니케이션'이 일어나고 그런 경험들을 정리해서 글을 쓴다('집필'). 이처럼 실제로 내가 하고 있는 업무 프로세스에 따라 체크리스트 항목을 정했고, 업무 이외의 영역에서 소홀히 하기 쉬운 것들, 즉 '가족과 함께 하는 활동'과 '전체적인 계획을 관리하는 과정'을 별도 항목으로 만들어서 추가했다. 머릿속으로만 '체크해봐야 하는데…' 하고 생각할 것이 아니라 항목으로 만들어서 종이에 적어두면 정기적으로 점검하기 때문에 관심을 가지고 관리해나가게 된다. 마지막으로 그 달에 얻은 구체적인 성과와 오류를 '피드백'에 기입함으로써 다음 달의 주요 행동지침으로 삼을 수 있다.

여기서 조심해야 할 것은 한 달이라도 체크리스트를 기록하지 않고 건너뛰면 안 된다는 것이다. 전체가 무의미해질 수도 있다. 반드시 매달 하루를 정해서(나의 경우는 말일) 그 달의 체크리스트를 작성하도록 한다. 혹 잊어버리고 넘어갔다면 며칠 뒤에 하더라도 반드시 평가를 해야 한다. 그래야 3개월, 1년 단위의 장기적인 계획에 대한 피드백도 가능해진다.

기록으로 남기지 않으면 측정은 아무런 의미가 없다. 그리고 단 한 번의 측정은 측정이 아니다. 연속되는 과정을 꾸준하게 측정해야만 자신의 생산성을 관리할 수 있다. 측정할 수 없는 것은 기준이 없기 때문에 관리할 수 없다. 몸무게를 줄이고 싶다면 주기적으로 몸무게를 체크하고 기록해야 한다. 그래야 노력의 정도를 조절할 수도 있고 차츰 줄어드는 몸무게를 확인함으로써 더욱 열심히 하고자 하는 자극을 받을 수 있다. 성적을 올리고 싶은 학생도 기록해야 한다. 매달 성적을 기록해서 어떤 과목이 나아지고 있는지, 혹은 어떤 과목이 떨어졌는지 한눈에 확인할 수 있어야 추진력이 생긴다. 눈으로 확인하는 과정이 없으면 금세 지치게 마련이다. 기록으로 남겨 관리하지 않으면 행동을 위한 에너지로 연결될 수 없다는 것도 명심하자.

이런 일련의 측정과 기록을 통해서 우리는 새로운 자극을 얻을 수 있다. 자신을 평가하는 과정에서 오는 상실감, 실망감, 자괴감, 승리감, 자신감 등이 강력한 자극제가 된다. 이런 자극은 곧 새로운 반응을 요구하는데, 이때 우리가 해야 할 일은 그 반응을 어떤 방향으로 적절하게 조절할 것인지 결정하는 일이다.

자극의 순간들

작은 조직일수록 한 사람의 인재가 미치는 영향력이 크다. 반대로 큰 조직의 경우 조직이 크면 클수록 능력 있는 한 사람의 힘보다는 시스템의 역할이 중요해진다.
이 사실을 아는 능력 있는 사람들은 '작지만 비전 있는 조직'을 선택한다. 그러나 그런 그들 역시 자신의 능력에 대한 믿음과 함께 미래에 대한 불안감도 함께 안고 가게 마련이다.
작지만 비전 있는 조직들 중에서 가장 작은 조직은 무엇일까?
그것은 바로… 나 자신이다.

미치도록 나를 바꾸고 싶을 때

8. 3개월 계획과 3년 계획 세우기

계획이 없는 사람은 미래가 없는 사람이고,
미래가 없는 사람은 자신이 없는 사람이다.

유비는 어려서부터 천자의 수레를 타겠다는 목표를 가지고 있었다.
그런 목표 덕분에 나름대로 전략을 잘 세워서 주위 사람들로부터
후덕하다는 평가를 받을 수 있었고 젊은 사람들이 앞 다투어 그와
사귀려고 몰려들었다. 조조 역시 이런 유비의 인물 됨됨이를 인정
했고 그가 잘 되도록 도왔다. 그러나 그것도 잠시, 나란히 말을 타고
가던 어느 날 유비는 조조로부터 '지금 천하에 영웅이 있다면 당신
과 나뿐이며 원술 같은 사람은 그 안에 들지 못 한다'는 말을 듣게
된다. 그리고 조조의 야심을 눈치 챈 유비는 그와 결별하게 된다. 그

후 삼국지에는 이 두 사람의 대결이 흥미롭게 펼쳐진다.

그들의 대결에서 먼저 주도권을 쥔 쪽은 조조였다. 조조는 유비를 몰아붙여 땅을 빼앗고 형주의 유표에게로 쫓아버렸다. 유표는 유비가 장차 큰 인물이 될 사람이라는 것을 알아보고 후하게 대접하여 온갖 연회를 쉬지 않고 베풀었다. 그런데 어느 날 연회를 하던 중 유비는 화장실에 갔다가 자신의 넓적다리에 어느 새 군살이 많이 붙어버렸다는 것을 발견하게 된다. 나라를 위해 큰일을 하겠다는 목표는 온데간데없이 사라지고 순간의 안락함에 젖어 흥청망청 세월을 보내고 있는 자신을 발견한 유비는 그만 눈물을 흘리고 말았다.

이것이 그 유명한 비육지탄肉之嘆이라는 고사성어가 탄생하게 된 배경이다. 비육지탄이란 허벅지에 살이 찐 것을 탄식한다는 말로 원하는 일을 추진하지 못하고 허송세월만 하고 있음을 비유한다.

유비가 안락함에 젖어 자신의 목표를 잊어버리게 된 것은 계획이 없었기 때문이다. 세상의 혼란을 바로 잡기 위해 떨쳐 일어섰지만 어떤 방법으로 어떻게 실행해야 할지에 대해서 구체적인 계획을 세우지 않았다. 알다시피 유비가 천하를 얻겠다는 목표를 실현시키기 위한 구체적인 계획을 갖게 된 것은 제갈공명과 만난 후다. 천하를 세 부분으로 나누어(유비, 조조, 손권) 가진 후 추후에 대사를 도모한다는 천하삼분지계天下三分之計가 바로 그것이다. 목표는 있지만 구체적인 방법을 몰랐던 유비에게 공명은 빛을 준 사람이었다.

미치도록 나를 바꾸고 싶을 때

우리들 또한 비육지탄의 유비와 다를 것이 없다. 목표는 정했지만 그것을 어떻게 실현시킬 것인지에 대한 구체적인 계획을 세우지 못한 사람들은 세상과 자기 자신에 대한 불만만 높다. 획기적인 방법을 찾지 못했기에 로또복권 당첨 같은 행운을 기대하며 살아가지만 마음은 점점 더 갑갑해진다.

우연과 행운에 삶을 맡기는 것보다 훨씬 더 확실한 방법이 있다. 그것은 바로 스스로 계획을 세우는 것이다. 계획을 세우면 시시한 것들이 주는 부정적인 자극으로부터 자유로울 수 있다. 마음속에 있는 계획이라는 필터가 목표와 관련 없는 자극들은 걸러주기 때문이다. 덤으로 목표와 관계가 깊거나 계획을 도와주는 좋은 자극들은 확대경이나 확성기처럼 더욱 크게 보여주고 더욱 크게 들려준다. 그래서 크든 작든 목표가 있고 무언가를 성취하고자 하는 사람에게는 계획관리가 필수다.

나는 목표를 정하고 나면 두 가지의 계획을 세운다. 바로 3개월 단위의 계획과 3년 단위의 계획이다. 3년 계획이 다소 추상적이고 장기적인 비전에 관한 것이라면 3개월 계획은 목표를 향한 좀더 구체적인 실천과 행동의 결과물을 쌓고자 하는 계획이다.

3개월 계획	3년 계획
• 구체적	• 추상적
• 단기적	• 장기적
• 기술을 익힘	• 습관을 얻음
• 양적인 차이	• 질적인 차이
• 가치를 만들기 위한 자료 축적	• 새로운 가치의 탄생
• 성과물 축적을 통한 목표달성 과제	• 목표달성
• 일상의 구체적인 피드백	• 축적된 피드백의 습관화와 태도 형성

　표에서 보는 바와 같이 3년 계획은 목표를 달성해서 질적으로 완전히 달라지게 된 자신을 얻는 과정이다.

　리더십 전문가가 되겠다는 목표를 세운 사람이 있다고 하자. 그의 3년 계획은 그 목표를 달성한 직후의 모습을 보여준다. 그리고 그 목표를 달성하기 위해서는 어떤 것들이 필요한지 알려준다. 반면 3개월 계획은 3년 계획을 달성하기 위해서 앞으로의 3개월 동안 무엇을 어떻게 해야 하는지 좀더 구체적으로 알려준다.

　목표를 어떻게 달성해야 하는지 방법을 모르는 사람은 쳇바퀴 같은 일상에 갇혀서 빠져나오지 못한다. 그래서 결국 목표까지 잃어

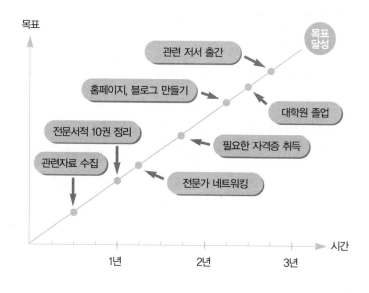

버리게 되는 것이다.

3개월 계획은 즉각적인 피드백을 통해서 오늘 하루 혹은 이번 한 주를 평가하게 해준다. 숨 가쁘게 돌아가는 일상에 치여 목표를 잃어버리지 않게 돕는 것이다. 그렇다면 왜 하필 3개월일까? 눈에 보이는 성과의 차이를 확인하기에 1개월은 너무 짧고 6개월은 너무 길기 때문이다. 내 경험에 비추어보더라도 3개월이라는 시간은 의지를 바짝 당기고 결심을 밀어붙여 작은 성과 한 가지를 얻기에 가장 적합한 시간이다. 3년 계획과 3개월 계획을 그림과 같은 그래프로 그려보면 이해하는 데 도움이 될 것이다.

이때 가장 중요한 것은 목표를 달성하는 데 무엇이 필요한지 확인하는 것이다. 그래프를 그리기에 앞서 목표달성에 필요한 것이 무엇인지 정확하게 확인해보자. 그림의 예는 리더십 전문가가 되겠다는 목표를 세우고 그것을 달성하는 데 필요한 단기적인 결과물들을 나타낸 것이다. 리더십 전문가가 되기 위해서는 전문서적을 꾸준히 읽고 자기만의 방식으로 정리하면서 관련 전문가 네트워크를 통해 대가들의 도움을 받아야 한다. 그리고 자기만의 독특한 생각들을 모아 저서를 출간하고 필요한 학위를 취득해야 한다. 그 모든 과정을 3년 계획표로 나타낸 것이다. 이 장기적인 계획을 좀더 세부적이고 구체적인 형태로 만든 것이 3개월 계획표인데, 여기서는 일주일 단위로 구체적인 목표를 정해두는 것이 스스로 정기적으로 체크하고 피드백하기에 좋다. 그것이 부담스러운 사람들은 앞에서 보았던 1개월 단위의 체크리스트를 작성한 후 3년이라는 전체 계획의 틀 속에서 살펴보면 큰 도움이 될 것이다.

목표는 있는데 도대체 뭘 어떻게 해야 하는지 모르겠다면 지금 당장 계획을 세워보기 바란다. 우선은 생각나는 대로 이것저것 써본 후 그 항목들을 분류하고 정리하다 보면 그 과정에서 열정이 생겨나고 필요한 에너지도 얻을 수 있다. 간혹 세부적인 목표를 달성하지 못해 단기 계획이 실패로 끝났다 하더라도 포기하지 않았으면 좋겠다. 계획이야 또 다시 세우면 되는 것이 아닌가? 두려워할 필요

없다. 목표를 달성하도록 하는 것이 행동이며 그 행동을 꾸준하게 유지시키는 것이 계획이다. 계획을 세우면서 우리는 다시 용기를 얻고 의지를 더욱 굳건하게 다진다.

자극의 순간들

사무엘 스마일즈Samuel Smiles가 남긴 말 중에 계획에 관한 다음과 같은 충고가 있다.
"목적은 알과 같아서 실행으로 부화하지 않으면 곧 썩게 된다."
좋은 계획은 실천에 도움을 주기는 하지만 그것이 곧 실천 자체는 아니다. 계획을 세워놓고 실천하지 않으면 그 계획이 우리를 덮쳐 납작하게 짓눌러버릴 것이다.

9. 자극을 보는 눈을 업그레이드 하기

온도계의 온도와 체감온도가 다른 것처럼
객관적인 세상의 현실과 우리가 인식하는 세상의 모습도 다르다.
우리는 각자 다른 눈을 가졌기 때문이다.

서점에 가보면 자극적인 제목의 책들이 무척 많이 눈에 띈다. 아주 작은 돈으로 10년 치 연봉에 해당하는 돈을 만들었다, 이 책만 읽으면 리더십이 확실해진다, 인간관계에서 오는 모든 갈등을 완전히 해결해준다… 등등. 그냥 보기에도 터무니없고 황당한 제목인데 그래도 그런 책들이 잘 팔리는 것을 보면 현대인들이 겪고 있는 고통의 수준이 어느 정도인지 짐작할 수 있다. 그런 황당한 제목에 취해 책을 구입할 만큼 급박하고 절실하다는 것이다.

이것은 또 다른 의미를 내포하고 있다. 급박한 현실을 어떻게 관

미치도록 나를 바꾸고 싶을 때

리해야 할지 몰라서 쫓기듯이 살다 보니 실제로 몸과 마음과 삶을 전혀 관리하지 못하고 있다는 뜻이기도 하다. 삶이 단기적으로 승부를 가릴 수 있는 것이라면 우리가 왜 노력하고 인내하면서 자극의 순간을 관리하겠는가. 동서고금을 막론하고 언제 어디에서나 통하는 확실한 진리 하나는 '자신이 갈고 닦은 만큼 얻을 수 있다'는 것이다. 이제는 부동산이나 주식으로 큰돈을 벌 수 있는 시대도 아니거니와 우연히 큰돈을 벌었다고 해도 땀 흘려 번 것이 아니라면 그것을 관리할 수 있는 능력이 있을 리 없으니 결국 그 돈 때문에 어려움에 직면하게 될 것이다. '불행 3종 세트' 시나리오가 눈앞에 뻔히 보이는데도 마치 불나방처럼 돈과 권력과 지위를 향해 달려드는 것은 옆에서 지켜보기에도 안타까운 일이다.

직장인들의 현실을 봐도 그렇다. 많은 직장인들이 어느 부서에 가야, 혹은 어떤 보직을 받아야 가장 편안하게 직장생활을 할 수 있을까 고민한다. 그리고 거기에 추가로 자신만의 활동공간이나 여유시간이 주어지면 더 좋겠다고 생각한다. 그런 생각으로 이곳저곳을 기웃거려보는데 가는 곳마다 골치 아픈 고객과 상사가 있고, 당황스러운 업무를 접하게 된다. 그러니 갈수록 더 편하고 더 쉬운 보직을 찾게 되고 그 악순환은 끝이 없다.

사업을 하는 사람도 다를 바가 없다. 무엇을 하면 돈이 될까 하는 데만 골몰하다 보니 정작 가치 있는 일은 발견하지 못하고 빨리 돈

4부 내 안에 있는 또 다른 나를 찾아서

을 많이 벌 수 있는 사업에만 귀가 솔깃해진다. 단기간에 큰돈을 벌려고 욕심을 내니 할 만한 일이 없는 것은 당연하다.

어디에 가면 '편하게' 일할 수 있을까 고민할 것이 아니라, 어디에 가면 '제대로' 일할 수 있을까를 고민해야 한다. 편하게 일할 수 있는 곳은 가치가 없는 곳이다. 누구나 할 수 있는 일이라면 굳이 내가 해야 할 이유가 없지 않은가. 오직 내가 해야만 제대로 잘될 수 있는 것이라면 그것은 가치 있는 일이다. 남다른 성과를 내고 그 속에서 더 높은 자신의 가치를 발견할 수 있기 때문이다.

사업을 하는 사람들도, 무엇을 하면 돈이 될까보다는 어떻게 하면 사람들이 좋아할까 혹은 세상에 가치를 더하는 의미 있는 사업이 될까를 고민하는 편이 빠를 것이다. 돈이 되는 일에는 누구나 달려든다. 제로섬게임에 가깝다. 반면 가치 있는 일은 평소 그것에 관심을 두고 있던 사람에게만 기회가 보인다. 가치 있는 일이라는 것은 고객이 좋아하는 것과 내가 잘할 수 있는 것의 교집합에 해당하는 나만의 영역이다. 그 영역에서 나는 독재자가 될 수 있다. 그것도 대중들의 지지를 받는 인간적인 독재자가 될 수 있는 것이다.

때로는 '무엇을 할 것인가' 보다 '어떻게 할 것인가' 가 중요한 법이다. 대부분의 사람들이 편안하고 쉬운 일을 찾는 것은 스트레스라는 자극을 제대로 관리하지 못해 그것에 대한 부정적인 두려움을 가지고 있기 때문이다. 예를 들어 고객상담 부서는 오래 전부터 인기 없는 곳으로 유명하다. 까다로운 고객들을 만나야 한다는 자극이 고통이라는 반응을 낳기 때문이다. 하지만 그런 경험들을 잘 정리해서 활용할 수 있다면 얘기가 달라질 것이다. 자극에 대한 반응을 고통으로 받아들일 게 아니라 자기발전을 위한 동력으로 여기고 좋은 아이디어의 재원으로 활용한다면 긍정적인 반응으로 바꿀 수 있을 것이다. 그러면 그것은 기회가 된다. 톰 피터스Tom Peters가 "승자들은 중요하지 않은 일을 좋아한다."고 말한 이유는 이 점과 관계가 있을 것이다. '중요하지 않은 일'은 자신이 가치를 만들어낼 수 있는 충분한 공간이 있고 아무도 하지 않기 때문에 관리하기가 쉽다.

자극을 보는 눈을 키워야 하는 이유가 바로 이것이다. 대부분의 사람들이 주식으로 재테크를 한다고 해서 나도 덩달아 해야 할 이유는 없다. 누군가 주식으로 떼돈을 벌었다는 자극을 접했을 때 '나도 주식으로 돈을 벌어야겠다'는 반응으로 이어지는 것은 아무런 여과 없이 막무가내로 자극을 수용하는 것과 같다. 그런 실수를 범하지 않으려면 쏟아져 들어오는 모든 자극에 대해서 바람직한 것인지 아닌지를 판단하고 통제할 수 있는 힘을 키워야 한다. 아닌 것을 아니라고 거부할 수 있는 힘은 자극에 대한 정확한 판단력이 있어야만 갖춰진다.

똑같은 자극이라도 사람에 따라 영향력은 모두 다르게 나타난다. 그러므로 나에게 도움이 되는 자극인지 아니면 불합리한 이기심만 양산하는 자극인지 확실히 구별할 필요가 있다. 그래서 자신에게 던지는 질문도 신중해야 한다. 질문 자체가 중요한 자극이 되기 때문이다.

'돈이 될까?' 보다는 '가치가 있을까?' 라는 질문이, '어느 곳이 편한가?' 보다는 '어느 곳에 가면 잘할 수 있을까?' 라는 질문이 적합하다. 질문을 던지는 데도 수준 높은 사고가 필요하며 그러한 고차원적인 사고는 삶을 바라보는 눈이 남다를 때 가능하다. 수준 높은 시각을 통해 자극을 확인하거나 무시하고, 통제하거나 수용한다면, 그 과정을 통해 우리는 좀더 성장할 수 있고, 자신에게 맞는 새로운 자극을 만들어낼 수도 있다.

이처럼 자극을 감지하고 받아들이고 활용하는 일련의 과정 자체가 중요한 삶의 여정이다. 그것을 소홀히 하는 것은 살아가는 과정을 도외시한 채 죽음이라는 목적을 향해서 달려가는 것과 같다.

자극의 순간들

장이 안 좋아서 고민을 하던 끝에 녹즙을 먹어보기로 했다. 술을 조금만 마셔도 다음날 아침이면 화장실을 예약해놓아야 할 정도였기 때문에 나름대로 고심 끝에 내린 결정이었다.

하지만 녹즙을 먹어도 처음에는 별 다른 효과를 느낄 수 없었고 오히려 장이 더 안 좋아지는 것 같았다. 그래서 그만 먹을까 생각하면서 녹즙배달원에게 '별 도움이 안 되는 것 같다'고 이야기를 했다. 그랬더니 그는 이렇게 말했다.

"평생 동안 만들어진 습관이 체질로 굳어졌는데 그걸 바꾸기가 그리 쉽겠어요? 하루아침에 바뀔 리가 없죠. 최소한 두 달 이상은 드셔야 달라지니까 참고 기다려보

미치도록 나를 바꾸고 싶을 때

세요. 믿음을 갖고…".

내 몸 또한 내가 만든 습관에 의해 만들어진다. 과음하는 습관은 간을 피곤하게 하고 흡연 습관은 폐를 황폐하게 만든다. 그리고 그런 나쁜 습관들을 몰아내고 새로운 좋은 습관을 정착시키는 데는 많은 노력과 시간이 필요하다. 하지만 가끔 밥 한 술 뜨고는 배가 부르지 않다고 투정하는 자신을 발견하는 것도 재미있는 일이다.

10. 스스로를 가르칠 수 있는 자극 찾기

자신에게 명령하지 못하는 사람은
남의 명령을 들을 수밖에 없다.
_니체

팀장들에게 있어서 자신의 팀원들은 예외 없이 모두 변해야 할 대상이다. 팀의 목적달성을 위해서, 때로는 팀원들이 자기 마음에 드는 행동과 말을 하도록 만들기 위해서 말이다. 대부분의 팀장들은 무척 열심히 노력하는 사람들이긴 하지만 그런 노력들 때문에 오해받기 딱 좋은 것도 사실이다. 팀원들을 인정해주고 이해해주면 추진력이 부족한 팀장이라고 흉을 보고, 목적달성을 위해 성과를 내놓으라고 다그치면 배려심이 없다고 비난한다. 팀장 입장에서는 이럴 수도 없고 저럴 수도 없으니 이거야말로 골치 아픈 문제가 아닐

미치도록 나를 바꾸고 싶을 때

수 없다. 회사를 생각하자니 좋은 성과도 내야 하고, 팀원들을 생각하자니 인기관리도 해야 하고…. 결국 팀원 모두를 만족시키기란 어렵고 복잡한 일이니까 내 식대로 하자는 쪽으로 결심하는 경우가 대부분이다.

사실 대부분의 팀장들은 제대로 된 리더십을 연습한 적이 없다. 부하직원일 때는 부정적인 상사의 모습을 보며 '나는 저러지 말아야지!' 하고 생각했지만, 실제로 그런 상사들만 계속 봐왔기 때문에 갈수록 그들과 닮아가게 된다. 그러다 보니 부하직원을 설득할 때는 논리와 당위성만 동원하면 된다고 생각한다. 직장에서 이루어지는 거의 모든 교육과 회의, 대화, 문서의 내용을 주도하는 것은 바로 논리이기 때문이다. 그 밖의 다른 리더십을 배운 적이 없으니 가장 일반적이고 상식적인 것, 즉 '이것은 당연히 그렇게 되어야 하니까 당신은 이것을 잘해야 한다'는 식의 논리를 동원하는 것은 어찌 보면 당연한 일이다.

이런 논리가 효과를 발휘하지 못할 때는 강제력을 동원한다. 물론 가끔은 감성과 가치, 의미를 이야기하면서 접근하는 사람들도 있다. 하지만 그런 경우는 아주 드문 경우일 뿐만 아니라 팀장이 된지 얼마 안 되었을 때 뭘 모르던 시절에 일시적으로 나타나는 현상이다. 그도 곧 강압적이고 권위적인 스타일로 바뀌게 된다.

우리 사회는 아직 기존의 리더십에서 벗어나 새로운 리더십으로 도약하지 못하고 있다. 팀장들 스스로가 새로운 모델을 개발하기 위해 노력해야 하는데 그러기 위해서는 구성원들의 동기를 연구하고 보편적인 가치와 의미, 그에 맞는 훌륭한 태도를 익히는 것이 우선이다. 기술과 인격을 모두 갖추지 않으면 팀장 역할을 제대로 해낼 수 없는 시대가 왔기 때문이다.

그래서인지 최근에는 커뮤니케이션 능력과 설득 능력에 직장인들의 이목이 집중되고 있다. 특히 상대방을 설득할 수 있는 적절한 표현력을 갖추지 않으면 곤란한 상황에 직면할 수 있다. 막강한 추진력만 있고 세련된 표현능력이나 설득기술이 없으면 모든 말이 강요로 들리기 때문에 사람들에게 오해받기 쉽다. 이른바 변혁적 리더십에서 지적 자극과 격려, 개별적 배려를 중시하는 이유가 이 때문이다. 조직에 대한 충성심을 잊어버린 현대인들은 묵시적 동의보다는 자발적이고 합리적이며 내적인 동기가 있어야만 행동한다. 이때 리더의 표현력은 중요한 요소가 된다.

반대로 표현력은 있으나 실천력과 추진력이 따르지 않으면 도덕성에 상처를 입기 쉽다. 매번 상대방의 언변에 압도당해 좋은 자극을 받았던 사람들도, 함께 행동으로 옮기지 않는 리더를 보면서 부정적인 자극을 받기 때문이다. 그렇게 몇 번 상처를 입은 사람들은 이제 리더의 말을 따르려 하지 않는다. 커뮤니케이션의 완성은 행동이다.

자신을 설명하는 방법을 익히고 그것을 행동으로 증명하려고 노력하면 그 행동으로 자신을 또다시 증명하게 될 것이고 그것을 통해 결

미치도록 나를 바꾸고 싶을 때

국 더 많은 것을 배우게 될 것이다. 그리고 더욱 발전하게 될 것이다.

나는 배우려고 하지 않는 사람을 믿지 않는다. 그들이 거짓말을 하기 때문에 믿지 않는 게 아니라 그들이 과거만을 말하기 때문에 믿지 않는다. 배우려고 하지 않는 사람은 사고와 성장이 멈춰서 지난날의 시각에 머문 상태로 현재를 해석하려 한다. 이런 사람들은 강압적이고 권위적인 분위기를 조장한다. 자신은 변하지 않으면서 다른 사람에게는 변하라고 다그치는 경우가 대표적인 예다. 자신은 배우지 않으면서 상대방에게 배움을 강요하는 것도 마찬가지다. 단체생활의 경험상 이런 사람들은 아무리 갈구해도 현재의 위치보다 더 높은 곳으로 올라갈 수가 없다. 시대가 그를 외면하는데도 그는 그것을 모른다.

사람들이 배움에 인색한 것은 배움이 귀찮기 때문이다. 집중해서 읽거나 들어야 하고 그것을 현장에 적용해야 하니까 귀찮은 것이다. 인간은 한없이 게을러지려는 욕구가 있다. '학습'이라는 것은 자신의 생각을 바꾸고 움직이도록 설득하는 것이라서 편안하고 게으르게 살고 싶은 욕구를 방해한다. 때문에 사람들은 학습을 달가워하지 않는다. 그러나 반대로 학습은 우리를 깨어 있게 하고 변할 수 있는 기회를 주기도 한다. 그리고 풍요로운 의미의 세계로 데려간다.

자극을 받아들이지 못하고, 발전의 에너지로 활용하지 못하는 사람은 주위 사람들에게 부정적인 자극을 준다. 어찌 보면 당연한 것이다. 스스로 자극을 받아들이며 성장하는 사람을 보면 누구나 존경하고 따르고 싶다는 생각이 들지만, 그 반대의 경우에는 상대에게 자극을 강요하기 때문에 그를 좋아하는 사람은 아무도 없다. 자극을 전달하는 사람이 우호적이고 긍정적이지 않은 경우, 웬만한 내공을 가진 사람이 아니면 그것을 긍정적으로 받아들이기란 쉬운 일이 아니다. 그래서 역사가 에드워드 기번_{Edward Gibon}은 이렇게 말했는지도 모른다.

"사람은 누구나 두 가지 교육을 받는다. 하나는 타인으로부터 받는 교육이고, 나머지 하나는 자기 스스로 배우는 교육이다. 그리고 후자가 훨씬 중요하다."

자극의 순간들

동료가 샛노란 색깔의 넥타이를 매고 출근했다. 평소 좀 후줄근한 차림으로 다니는 그였기에 직원들이 놀람 반 놀림 반으로 말했다.
"이야, 멋진데. 무슨 좋은 일 있어요? 노란색이 너무 잘 어울리네."
그 후 우리는 일주일 동안 똑같은 넥타이를 매고 있는 그를 봐야만 했다.

긍정적인 자극도 적절히 조절할 줄 알아야 한다. 또한 자극의 방향을 조절하는 것도 필요하다. 좋았던 것을 유지하기 위해서는 적당한 때에 새로운 변화를 시도할 줄도 알아야 한다.

에필로그

자는 체하는 사람은 깨울 수 없다

If the seer is flower, the seen is a flower too!

보는 사람이 꽃이면, 보이는 것도 꽃이다.

속이고 싶어도 속일 수 없는 것이 있다. 사람은 보이는 것만 본 대로 표현하기 때문에 보이지 않는 것은 묘사하거나 설명할 수 없다는 것이다. 가령 아무리 아름다운 꽃이 만발하게 피어 있어도 실제로 꽃을 보지 못한 사람은 그것에 대해 말할 수 없다.

사람은 누구나 자기만의 눈을 가지고 세상을 바라본다. 그 눈은 그가 성장하면서 보고 듣고 느낀 경험들에 의해서 만들어진 것이라 그의 과거를 고스란히 반영하는 것이라고 볼 수도 있다. 그 사람의

미치도록 나를 바꾸고 싶을 때

과거는 곧 현재 그가 가진 태도가 된다. 쉽게 말해 부정적인 경험은 부정적인 사람을 만들고 긍정적인 경험은 긍정적인 사람을 만든다는 것이다. 실패의 경험은 소극적인 태도를 낳고 성공의 경험은 적극적인 태도를 낳는 것처럼, 결국 지금 우리의 모습은 우리가 이제껏 살아오면서 경험한 것들에 의해 만들어진 것이며 그 경험에 어떻게 대처해왔는지 알려주는 첩경이 된다.

어떤 사람은 세상이 너무 아름답다고 말하고, 어떤 사람은 추악한 진흙탕이라고 말한다. 우리의 경험이 우리의 눈을 만들었고 우리가 눈에 보이는 것에 따라 반응하기 때문에 나타나는 현상이다. 우리가 세상을 부정적으로 말하는 것은 세상이 부정적인 것들로 가득하기 때문이 아니라 우리 생각이 그렇기 때문이고, 우리가 세상을 긍정적으로 보는 것은 원래 세상이 밝아서가 아니라 우리 생각이 건강하고 밝기 때문인 것이다. 우리는 각자 느낀 대로 말하고 판단할 뿐, 실제로 세상은 우리가 생각하고 있는 것과는 전혀 다를지도 모른다.

성장하고 성취하는 사람들은 세상의 밝은 면을 보고 자신의 건강한 면을 부각시키려고 노력한다. 그래야 성공할 수 있다는 것을 알기 때문이다. 자극관리는 세상과 자신의 밝고 건강한 면을 되찾기 위한 노력의 일환이다. 주어지는 자극들을 어떻게 하면 보다 긍정적이고 발전적인 것으로 만들어서 생산적인 반응으로 유도할 수 있는가에 대한 구체적인 지침이다.

우리의 일상은 자극으로 이루어진다. 자극을 관리하지 않으면 일상은 바뀌지 않을 것이고 일상이 바뀌지 않으면 우리가 원하는 일은 결코 일어날 수 없다.

One who is pretending to sleep cannot be awakened.
자는 체하는 사람은 깨울 수 없다.

일상에서 일어나는 자극을 제대로 관리해야만 하루하루가 달라진다. 하루가 변하면 일주일이 변하고 한 달이 달라지며 1년이 바뀌고 새로운 인생이 시작된다. 물론 이미 머리로는 다 이해하고 있지만 실천으로 옮기기가 말처럼 쉽지 않은 것도 사실이다. 일상을 바꾸기 위해서는 행동이 필요한데, 그 행동에는 어려움과 노력이 따라야 하기 때문에 많은 사람들이 자신을 방만하게 방치한다. 노력하기가 귀찮고 싫은 것이다. 성공하고 싶은 마음을 굴뚝같지만 노력하고 싶은 마음은 전혀 없다. '게으르게 성공하기'가 그들의 지상과제다.

이 책을 읽으면서도 여전히 많은 사람들은 자는 체하고 있을지도 모른다. 일어나서 이야기를 경청한 후에는 움직여야 하니까 그것이 귀찮은 것이다. 그래서 그런 사람들은 이렇게 말한다.

"그래서 어쩌자는 거야?"

자신의 게으른 본성은 숨긴 채 다른 사람의 제안에 구체적인 해결책이 없다고 우기는 것이다. 이 말의 본래 뜻은 '나는 게을러서 내가 어떻게 해야 할지에 대해서 생각하고 싶지도 않아요!'라는 것이다. '권리 위에 잠자는 자는 보호하지 않는다'는 법의 원리가 있듯이 자극 위에 잠자는 체하는 사람은 성장할 수 없다. 자는 체하는 사람은 깨울 수 없다. 어떻게 해볼 방법이 없다. 스스로 깨어나는 수밖에는. 스스로 잠에서 깨어나는 것이 진정으로 자신을 사랑하는 방법이다.

키가 작다거나 머리가 크다거나 코가 좀 낮다거나 하는 신체적인 특징들은 주위에서 아무리 부정적인 피드백을 준다 해도 노력으로 바꿀 수 있는 것이 아니다. 바꿀 수 없는 것은 그냥 인정할 수 있는 용기가 필요하다. 그냥 웃어주면서 자신의 부족함을 즐기면 된다. 하지만 노래 실력이 부족하다거나 그림을 잘 그리지 못한다거나 태도가 불성실하다거나 지식이 부족하다는 등의 피드백은 언제든 우리의 노력 여하에 따라 개선할 수 있는 것들이다. 바꿀 수 없는 것들에 집착하고 실망하기보다는 얼마든지 바꿀 수 있는 것들을 찾아내 부족한 것은 채우고 잘하고 있는 것도 더 훌륭하게 만드는 노력이 필요하다.

문제는 우리가 '키가 작다'는 말과 '태도가 불성실하다'는 말을 '같은 종류'의 것으로 받아들인다는 데 있다. 즉 키가 작다는 말과 태도가 불성실하다는 말에 똑같이 '기분 나빠'한다는 것이다. 그래서 이 두 가지의 차이를 구분할 수 있는 눈이 필요한 것이다. 바꿀 수 있는 것에 대한 피드백은 기분 나빠할 것이 아니라 자극의 계기로 만들어야 한다. 기분이야 썩 유쾌하지 않을지도 모르지만, 그 부정적인 자극에 적극적으로 개입하여 가장 발전적인 반응을 이끌어내면 되는 것이다.

자극관리의 핵심은 부정적으로 인식되는 자극을 어떻게 하면 자신에게 발전적인 것으로 전환시킬 것이냐는 점이다. 부정적인 자극이 긍정적인 것으로 바뀌게 될 때 우리는 변화하고자 하는 의지를 획득함은 물론, 삶 그 자체를 긍정할 수 있게 된다.

우리는 모두 자신의 삶이 가장 소중하다고 느낀다. 하지만 그 삶을 사랑하는 방법은 잘 알지 못한다. 가르쳐주는 사람도 없고 배운 적도 없으니, 오직 삶의 과정에서 우리가 경험하는 것들을 통해서 배워갈 뿐이다. 미치도록 나를 바꾸고 싶은 오늘, 우리가 경험하는 일상의 모든 자극들을 통해 삶이 변화하고 발전할 수 있는 계기가 되었으면 하는 바람이다.

:: 저자소개 ::

안 상 헌

포근한 외모와는 달리 날 선 눈빛으로 세상을 주시하는 그는 책과 사람들 속에서 촌철살인의 위트와 금쪽같은 교훈을 캐내는 우리 시대 최고의 '미닝 파인더meaning finder' 다. 그는 끝없는 자극과 반응으로 이루어진 인생에서 사람들이 어떻게 목적을 발견하고 꿈을 이루는지 관찰하고, 이 책을 통해 그 변화의 모티브를 뽑아냈다. 안상헌 마니아가 생겨날 만큼 구수한 말발과 쫄깃한 글발의 공력을 자랑하는 저자는 평범한 소재로부터 특별한 주제를 뽑아내는 데 특히 탁월해서 일련의 저작을 통해 눈부신 삶의 지혜를 독자들에게 선사해왔다.

남다른 감수성과 위트 넘치는 이야기 속에서도 그의 글이 줄기차게 지향하는 바는 '세상은 참 살아볼 만한 곳이며, 즐겁고 자유로운 인생을 사는 데는 자기만의 방법론이 필요하다는 것' 이다. 그 바탕에는 인간을 향한 믿음, 인생을 대하는 진지한 고찰이 있고, 결국 그것은 이 책을 집어든 독자들을 위한 그 자신의 가슴 벅찬 신념이기도 하다. 현재 국민연금공단 HRD 전문강사로 재직 중이다. 기업체와 행정기관, 대학교, 사회복지관 등에서 고객만족, 리더십, 자기변화 등을 주제로 강의를 하고, 여러 매체에 왕성한 기고 활동을 하고 있다. 저서로는 《생산적인 삶을 위한 자기발전 노트 50》, 《어느 독서광의 생산적 책읽기 50》, 《홍크》 등이 있다.

홈페이지 www.goodbookstory.com
이메일 wintermaden@hanmail.net

미치도록 나를
바꾸고 싶을때

지은이 | 안상헌
펴낸곳 | 북포스
펴낸이 | 방현철

1판 1쇄 펴낸날 | 2009년 07월 20일
1판 15쇄 펴낸날 | 2011년 10월 15일

출판등록 | 2004년 02월 03일 제313-00026호
주소 | 서울시 마포구 합정동 414-18 402호
전화 | (02)337-9888
팩스 | (02)337-6665
전자우편 | bhcbang@hanmail.net

ISBN 978-89-91120-32-7 03320

값 12,000원